KB262879

# 마음 소 길들이기

【牧牛十圖頌】

# 마음 소 길들이기

普明和尙 著

耕山 張應哲

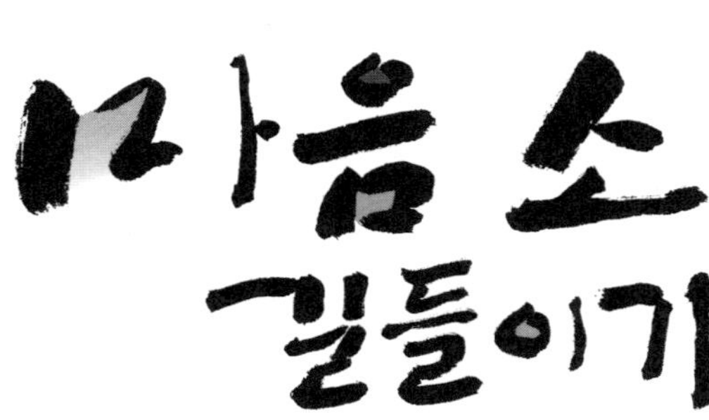

스스로를 운전하는 소는
어떤 소입니까?

Dong Nam
동남풍 P∥∥g

# 마음소 길들이기

원기 93년(2008) 1월  2일 재판 1쇄 발행
원기 94년(2009) 3월  3일 재판 3쇄 발행

저 자    장응철
펴낸곳    도서출판 동남풍
펴낸이    김영식

등록번호  제66호(1991. 5. 18)
주 소    전북 익산시 신용동 344-2
전 화    063)854-0784

값 10,000원

# 목 차

## 마음소 길들이기

목우십도송은 마음소 길들이는 열 단계를 그림과 시(詩)로 밝힌 법문입니다.

이 강의에서 설명하는 목우십도송(牧牛十圖頌)은 보명화상(普明和尚)이 지은 것입니다. 전하는 바에 따르면 보명화상은 중국 명나라 사람으로 보명사(普明寺)라는 절에 있으면서 목우십도송을 짓고, 누군가 그 내용에 맞게 그림을 그린 것이라고 합니다. 그러나 이는 자료에 근거하여 명확하게 밝혀진 것이 아니기 때문에 목우십도송의 작자가 불분명하다는 견해도 있습니다.

목우십도송과 비슷한 법문은 십여 가지나 됩니다. 그 중에 가장 많이 알려진 것이 「보명의 목우십도송」과 「곽암의 십우도」입니다. 그 중에서 원불교 소태산 대종사께서는 「보명의 목우십도송」을 선택해서 불조요경(佛祖要經) 중 하나로 삼으시고 제자들에게 이를 공부하도록 하셨습니다. 바로 이점, 대각여래이신 대종사께서 당신의 안목으로

「보명의 목우십도송」을 선택했다는 것에 중요한 의미가 있습니다.

원불교 전서에 포함된 「불조요경」은 석가모니 부처님과 후래제자들이 설하신 많은 경문 중에서 금강반야바라밀경, 반야바라밀다심경, 사십이장경, 현자오복덕경, 업보차별경, 수심결, 휴휴암좌선문과 보명의 목우십도송을 뽑아 놓은 것입니다. 이것은 각자(覺者)이신 대종사께서 과거의 많은 불경 중에서 미래 우리 인류의 마음공부길을 밝히는데 도움이 될 경전이라는 판단으로 선택한 것이라 할 수 있습니다. 그러기에 제가 설명하고자 하는 목우십도송은 과거와 현재뿐만 아니라 미래에도 표준삼아 공부할 수 있는 경전입니다.

기독교의 구약은 예수님 말씀이 아닌 유태교의 경전입니다. 예수님의 제자들이 옛날 유태교의 경전을 가려 뽑아서 구약을 만들고, 신약과 더불어 기독교의 교리로 선택한 것이라 생각합니다. 즉 예수님의 제자들이 여러 가지 유태교의 경전말씀을 간추려서 미래에 공부를 시켜도 괜찮겠다는 안목으로 만든 것이 구약이라고 생각합니다.

우리는 대종사께서 목우십도송을 불조요경의 하나로 삼으신 본의를 알아야 합니다. 이를 알고 경전공부를 열심히 한다면 단계별로 마음공부를 하는데 큰 도움이 되리라 확신합니다.

## 나의 영혼(靈魂)은 영원(永遠)하다

이 세상은 물질의 세계와 영혼의 세계로 나누어 생각할 수 있습니다. 물질의 세계는 그 물질 자체가 주체적으로 행동하지는 못하며 자연의 섭리에 따라서 자리를 옮기고 변화합니다. 그러나 우리들의 영혼, 즉 지금 제 말을 듣고 있는 여러분들의 영혼은 그 영혼 자체가 주체가 되어서 자리를 옮기는 등의 변화를 할 수 있습니다. 물질은 똑 같은 것이 존재할 수 있으나 영혼은 이 천지에 오직 하나뿐인 아주 고유한 것입니다. 지금 이와 같이 몸을 받고 있는 장응철의 영혼이 다른 몸을 받았을지라도 그 영혼은 전생과 같은 영혼입니다. 영혼은 지금의 내 몸 속에 있다가 몸이 죽을 경우 새로운 부모를 만나 새 몸을 받게 됩니다. 하지만 영혼은 그 영혼 그대로입니다.

그러므로 영혼에는 나이가 없습니다. 육신은 나이가 있으나 영혼은 나이가 없이 영원한 것입니다. 즉 영혼은 몸을 바꾸고 환경을 바꾸어서 왔다 갔다 할지라도 영원한 것입니다.  이것이 바로 영원한 '나' 입니다.

그런데 영원한 영혼이 육신을 만나면 물이 듭니다. 무슨 물이 들까요? 육신이 먹고 싶어 하고 편안하게 살고 싶어 하는 데에 물이 듭니다. 이것을 오욕(五慾)에 물들었다고 말합니다.

또 영혼이 육신을 받으면서 남녀의 물이 듭니다. 남자로 태어나면 남자물이 들고 여자로 태어나면 여자물이 들게 됩니다. 그러나 원래 영혼은 남자, 여자 구별이 없습니다. 그 물든 것은 영혼의 참 모습이 아니고 의복 따위에 묻어있는 때와 같은 것으로 영혼의 삶을 방해하는 훼방꾼입니다.

각자의 영혼은 자신을 잘 유지시키고 발전시키고자 하는, 즉 본질적으로 자신을 좋게 만들려고 하는 마음이 있습니다. 물질이 자신을 오래 지키기 위한 구심력과 원심력으로 뭉치듯, 영혼도 개령(個靈)이기 때문에 자신을 좋은 곳으로 옮기고 싶어 하는 욕심이 생깁니다. 그래서 욕심은 집착을 부르고 집착은 업(業)을 만들어 갑니다.

영혼은 여러 생을 드나드는 동안 욕심과 애착 등 갖가지 습관에 의한 관념으로 염색이 되어서 살아갑니다. 목우십도송의 비유대로 그림에서와 같이 검은 소〈黑牛〉 그대로 살면 우리의 영혼도 검은 소로 윤회전생(輪廻轉生)하게 됩니다. 그러므로 우리는 열심히 공부하고 수행해서 죄 짓는 검은 소를, 복 짓는 흰 소로 바꾸어나가야 하겠습니다. 이러한 흰 소〈白牛〉가 부처님인 것입니다.

## 불법(佛法)을 만나야 흰 소가 된다

보명화상이 스스로 생각해보니 출가 전, 세상에 살 때는 자신이 검은 소였습니다. 그런데 불법(佛法)을 만난 뒤에는 흑우(黑牛)가 백우(白牛)로 변해 스스로 마음이 늘 편안하고 다른 사람에게 이익을 주는 소가 되었습니다. 그래서 모든 중생도 이런 과정을 통해 흑우에서 백우가 되도록 하려고 목우십도송을 집필하지 않았을까 생각합니다.

강의를 들으시는 여러분들을 보니 이미 백우가 다 된 분도 있고, 반절쯤 희어지신 분, 머리만 희어지고 마음은 아직도 검은 분도 있을 듯합니다. 이 강의를 통해서 자기 마음의 소가 어떤 상태인가를 잘 살폈으면 좋겠습니다.

중생이 흑우로 돌아다니다가 불법(佛法)을 만나는 일처럼 중요한 일은 없습니다. 불법을 만나지 못한다면 흑우가 백우로 변할 길이 없습니다. 불법, 즉 진리를 깨달으신 부처님과 불법수행을 철저히 하신 선지식(善知識)의 도움을 받지 않으면 본성(本性)을 회복하여 맑은 소(白牛)가 될 수 없기 때문입니다.

더러 저 사람은 그럴 사람이 아니라고 할 때가 있습니다. 그럼에도 불구하고 그 사람이 악한 일을 하는 것은 전생의 업 때문인 경우가 많습니다. 자기도 모르게 악독한 짓을 하게 되는 것입니다. 그리고 눈물을 흘리며 후회하는 경우가 흔히 있습니다. 이처럼 중생은 업력에 가려 흑우가 되는 일이 많습니다.

이러한 의미에서 보면 중생들은 '예비 죄인'이라 할 수 있습니다. 아직 죄를 짓지는 않았지만 앞으로 죄 지을 요소가 가슴속에 가득 차 있으므로 중생이 아닌가 합니다. 죄 짓고 싶어도 체면 때문에 못 짓는 경우가 많을 것입니다. 누가 볼까, 알까 두려워 죄를 짓고 싶어도 참는 경우가 허다합니다. 중생은 이처럼 흑우로 머물러 있어 예비 죄인입니다. 따라서 우리는 이 흑우를 백우로 바꾸지 않으면 안 됩니다.

여러분, 자신을 운전하는 소는 어떤 소입니까? 흑우입니까, 아니면 백우입니까? 바로 우리를 운전하는 이 소가 문제입니다.

과거의 경전은 선천시대(先天時代)의 경전입니다. 선천시대는 활동하지 않는 시대였고 어두운 시대였습니다. 그래서 선천시대 경전의 법문은 대체적으로 '점잖해라', '깨끗하게 살자', '일 없이 조용히 살자'

는 내용이 많았습니다. 보명화상의 목우십도송도 수양(修養)위주로 쓰였습니다.

그러나 앞으로 돌아오는 세상은 후천개벽(後天開闢)시대입니다. 보명화상이 지금 시대에 태어나서 법문을 한다면 조금 다른 방향으로 하지 않았을까 생각합니다.

보명화상은 주로 수양 위주의 법문을 했지만 저는 수양과 아울러 마음을 깨달아 지혜를 얻고 그 마음을 잘 활용하는 방향으로 시대에 맞게 해석해 보려고 합니다.

또한 이 법문은 당시의 상황으로 비추어 보면 출가위주(出家爲主)의 법문이 아니었나 생각됩니다. 그래서 저는 재가(在家)도 함께 할 수 있는 방향으로 해석해서 출가 수도자와 재가 수도자가 함께 공부하여 성자(聖者)가 되는 방향에 주안점을 두고 강의하겠습니다.

# 1 길들기 전

## 未牧

# 1. 길들기 전(未牧)

生獰頭角恣咆哮(생영두각자포효)하며
奔走溪山路轉遙(분주계산노전요)라
一片黑雲橫谷口(일편흑운횡곡구)한대
誰知步步犯佳苗(수지보보범가묘)야

**길들기 전**

사나웁게 솟은 뿔에 소리소리 지르며

산과 계곡을 쏘다니니 돌이킬 길 멀어라

한 조각 검은 구름 골 어귀에 비꼈는데

누가 알랴 걸음마다 곡식밭을 해칠 것을

 단어 · 숙어 해석

**두각(頭角)** 짐승들의 머리에 난 뿔

**포효(咆哮)** 사나운 짐승들이 성이 나서 으르렁거리는 소리

**분주(奔走)** 바쁘게 뛰어 다니는 모습

**곡구(谷口)** 골짜기 입구, 고을의 어귀

**가묘(佳苗)** 곡식이 잘 자란 곡식 밭

 註

1. **사나웁게 솟은 뿔** : 중생들의 탐욕심이 가득한 모습

2. **소리소리 지르며** : 자기 욕심을 채우려고 하는 소리와 주장,
   욕심 부리는 모습

3. **산과 계곡** : 오욕세상(五慾世上)

4. **한 조각 검은 구름** : 오욕 업력을 부르는 경계

5. **곡식 밭** : 남의 좋은 일, 남의 행복

# 길들기 전(未牧)

*序詩*

가시밭길 망망한 천지
윤회의 수레바퀴 돌리는 길고 긴 세월
외로운 검은 소 무리들이여
쏘다니는 마음 어느 세월에 쉴 건가
만(萬)가지가 은혜 아님이 없고
약초 아닌 풀이 없다고 하였건만
의왕(醫王)을 어느 곳에서 만나야 할지
까마득하여라 왕자의 소식이여.

길들기 전(未牧)은 아직 소를 길들이기 이전, 즉 불법을 만나기 이전의 상태를 비유한 것입니다. 그림을 보면 사람이 있고 흑우가 있고, 검은 구름이 있습니다. 이것은 세상을 살아가는 사람들의 대체적인 모습입니다. 그림에서 사람과 소와 주변 환경이 각각 무엇을 이야기 하는지 아십니까?

우리 마음속에는 두 가지 마음이 공존하고 있습니다. 하나는 검은 소로 비유된 욕심이고 다른 하나는 욕심 속에 잠자고 있으면서

'너 그러면 안 돼, 너 방금 죄 지었어' 하며 심판하는 양심입니다. 그리고 현재 검은 소인 마음의 소가 받아들이는 주변 환경은 어떠한 모습입니까?

우주 자연과 인간이 만든 세상을 내면의 마음이 자기기준, 자기 감정에 따라 해석하고 받아들이고 있습니다. 그러므로 흑우가 된 마음의 소가 받아들이는 환경은 먹구름 낀 세상과 자연입니다.

사람이 완전히 흑우로만 살면 괴로움이 없을 것입니다. 그런데 사람에게는 마음속에 양심이라는 것이 있어서 자기가 죄 지은 것을 스스로 심판하게 됩니다. 이 마음이 바로 부처님 마음, 진여(眞如)의 마음입니다. 흑우가 아니라 스스로를 심판하는 양심, 이것이 바로 자신의 스승이며 본래 우리 마음입니다.

그림에서는 이를 사람으로 표현했습니다. 이것이 내 마음속에 살아있는 양심의 스승이며 불성(佛性)자리입니다. 반면에 욕심은 흑우(黑牛)로 표현했습니다.

이 장에서의 그림은 이와 같이 '흑우와 사람'이 내 마음속에 공존해 있는 것을 표현한 것입니다.

불가(佛家)에 무명(無明)이라는 말이 있습니다. 무명이란 '밝지 못한 마음'입니다. 자기가 자신을 모르면 무명이고, 우주의 진리를 모르는 것도 무명입니다. 또 자신의 행복과 불행이 스스로 지어서 받으면서도 이를 모르면 무명입니다. 나아가 자기 마음을 조절하여 사용할 줄 모르는 것도 무명입니다.

기독교에서는 이것을 원죄(原罪)라 말합니다. 인간은 본질적으로 죄를 지은 존재라는 것입니다. 이 관점에서 인간은 하나님의 명을 어겼기 때문에 원천적으로 죄를 가지고 태어났다고 봅니다.

유교의 일각에서는 인간을 기질지성(氣質之性), 즉 사람 몸뚱이에서 생기는 물적(物的) 욕심이 본성의 착한 마음을 가린 존재라 합니다.

이처럼 불교와 원불교에서 말하는 무명이나, 기독교의 원죄나, 유교의 기질지성이 표현은 조금씩 다르지만 깨달으신 분의 안목에서 보면 본성을 가린 것, 본성으로부터 멀어진 것, 본래적인 명령을 어긴 것 등으로 같은 말이라는 것을 알 수 있습니다.


사람은 평생 갈등구조 속에서 삽니다. 어떠한 갈등구조입니까? 양심과 마군의 마음이 싸움을 하고 있는 갈등구조입니다. 심리학자인 프로이드는 이드(Id)라는 욕심과 슈퍼에고(Super-Ego)라는 양심이 있어서 다툼을 한다고 했습니다.

그림을 보면서 마치 자신의 모습을 보고 있다고 느끼는 분이 많을 것입니다. 이처럼 바른 마음과 그른 마음의 갈등 속에서 살기 때문에 우리의 인생이 괴로운 것입니다. 죄 짓는 마음 뒤에는 반드시 그림자처럼 따라 다니는 양심(良心)이 있습니다. 이 때문에 더 괴롭습니다. 밖으로 욕심을 채우지 못하여 괴롭기도 하지만 오히려 내면에 있는 양심의 심판이 자신을 더 괴롭게 합니다. 그래서 죄인들 중에는 밖으로 벌을 받아버리는 것이 편하다고 말을 하는 사람이 많습니다.

중생들이 이와 같은 갈등구조를 벗어나려면 마음속의 검은 소〈黑牛〉를 흰 소〈白牛〉로 전환시켜야 합니다. 지식이 많고, 권력과 재력과 명예를 갖추었다 하더라도 인생의 괴로운 갈등구조를 벗어날 수 없습니다. 오히려 이러한 외적 요인들이 나아질수록 갈등이 증폭될 수도 있습니다.

무명의 지배를 받는 사람은 진리가 주는 죄벌을 반드시 받게 됩니다. 이러함에도 중생들은 무명에 가려 검은 소의 지배를 받고 있습니다. 그래서 마음공부 하는 수행자는 흑우에게 빼앗긴 권리를 본래 마음인 백우에게 돌려주는 일을 가장 큰 일로 여기게 됩니다.

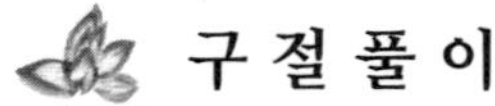

# 구 절 풀 이

> 사납게 솟은 뿔
>
> 生獰頭角恣咆哮(생영두각자포효)
> 사납게 솟은 뿔에 소리소리 지르며

참 재미있는 표현입니다. 이는 중생들이 욕심의 뿔이 나서 자기 중심적으로 살아가는 모습을 적절하게 표현한 것입니다.

업력의 소, 욕심의 소, 윤회하는 소를 '사납게 솟은 뿔'이라고 표현하였습니다.

'소리소리 지르며'는 전부 자기 이익만 챙기려고 목소리를 크게 낸다는 뜻입니다. 집안에서도 직장에서도 자신의 이익을 많이 챙기려고 다투고 화내고 변명하는 등의 모습을 '소리소리 지르며'라고 표현하였습니다.

선거 때가 되면 대통령 후보들은 저마다 나는 이래서 대통령이 되어야 하고, 저 사람은 저래서 대통령이 되어서는 안 된다고 목소리를 높입니다. 그 사람은 혹시 흑우, 즉 욕심 때문에 그러한 소리를 하는지, 아니면 진정한 애국심으로 하는지 마음을 가라앉히고 정신을 회복하여 잘 살펴야 할 것입니다.

　시장에서 장사하는 사람도 내 물건이 제일 좋다면서 다른 사람의 물건은 폄하하는 경우가 많이 있습니다. 이처럼 중생들이 업력의 소가 되고 욕심의 소가 되고 윤회하는 소가 되어, 마구잡이로 행동하고 자기 목소리만 높이는 모습을 '소리소리 지르며' 라고 표현한 것입니다. 사람의 성격에 따라 소극적으로 표현하기도 하고 적극적으로 대담하게 표현하는 등의 차이가 있기는 하지만 저마다 욕심에 가득찬 흑우가 되어 요란하게 소리를 내면서 살고 있는 것이 중생의 삶입니다.

### 오욕(五慾)의 계곡

奔走溪山路轉遙(분주계산노전요)라
산과 계곡을 쏘다니니 돌이킬 길 멀어라

　산과 계곡은 중생들의 오욕세상을 표현한 것입니다. 즉 중생들이 살고 있는 오욕의 계곡, 오욕의 세상, 오욕의 밭을 말합니다.

　'쏘다니니 돌이킬 길 멀어라' 는 이런 오욕의 계곡을 쏘다니며 욕심을 취하고 또 욕심을 따라 왔다 갔다 하며 자제력을 잃어 방종한 행동이 가중되는 것을 보고 '언제나 제 정신이 들어 자제할 수 있을까!' 하는 탄식의 표현입니다.

　어떤 사람이 '아닌 짓' 하는 것을 보고 '원불교에 와서 마음공부하세요. 그러면 마음이 편안해질 것입니다' 하고 종교생활을 권했는데 들은 척 만 척 한다면 '언제나 저 사람이 대도정법에 귀의할 것인가?' 하고 돌이킬 길이 멀다 할 것입니다.

부처는 이 세상을 온통 은혜의 세상이라 하시며 복의 밭으로 삼는데, 중생은 온통 은혜의 세상에 살면서도 죄 짓는 밭을 만드는 경우가 많습니다. 같은 세상에 살면서 부처는 은혜를 발견해서 복을 장만하는 복전(福田)의 농부가 되고, 중생은 원망을 많이 발견해서 죄전(罪田)의 농부가 됩니다.

우리는 천지자연이 제공하는 좋은 터전과 부모의 자애로움, 동포들의 상부상조와 성자의 법문, 사회의 공정한 법률의 은혜와 보호 속에 살고 있습니다.

이러한 은혜 속에 살고 있으면서 검은 소가 지배하는 언덕에서 원망과 죄 짓는 재미로 살고 있는 것을 보면 안타까움을 금할 수 없습니다. 한 마음을 살펴 원망심을 감사심으로 돌려 살면 천지 만물이 나를 위하여 존재한다고 느끼게 됩니다. 그러나 원망심 그대로 살면 세상이 나를 벌주기 위해 존재한다고 여길 것입니다. 이러한 의미에서 바로 한 마음이 중요합니다.

一片黑雲橫谷口(일편흑운횡곡구)한대
한 조각 검은 구름 고을 어귀에 비꼈는데

검은 구름은 나쁜 경계가 나에게 오고 있는 것을 비유한 것입니다. 중생은 이를 모르고 나쁜 경계를 맞이해서 죄를 짓고 괴로워합니다. 한 조각 검은 구름은 업력, 좋지 못한 경계가 다가오는 것을 말합니다. 우리는 가끔 '저 사람이 저래서는 안 되는데' 라고 할 때가 있습니다. 바둑을 둘 때 같은 급이라도 옆에서 훈수를 하면 더 잘 보입니다. 그래서 훈수를 합니다. 그러나 훈수를 듣지 않고 간혹 고집을 부리면 지는 경우가 있습니다. 바둑에서 같은 수라도 객관적인 입장에서 훈수하는 사람은 밝고, 직접 승부의 경계에 몰려있는 사람은 어둡기 마련입니다.

도를 깨달은 사람은 지금 저 사람한테 어떤 경계가 오고 있는지 압니다. 도를 깨달은 사람은 이 경계를 피해갑니다. 그러나 깨닫지 못한 사람은 경계를 피하지 못해서 결국은 손해 볼 짓을 하고 괴로움을 당합니다. 이는 불나방이 불구덩이에 뛰어들어서 결국 불타죽는 것과 같습니다.

우리 앞에도 한 조각 검은 구름이 걸려 있습니다. 우리가 걸어가는 길목에서 기다리고 있습니다. 부처의 안목에서 보면 중생의 모습은 늘 이와 같이 불안한 것입니다.

괌에서 비행기 추락사고로 아까운 인명들을 앗아간 적이 있습니다. 사고 비행기에 탄 사람들 중에는 평소 열심히 노력해서 돈을 벌고, 며칠을 즐기기 위해 그곳에 간 사람도 있을 것입니다. 그러나 그곳에 그 분들의 업력이 기다리고 있었습니다. 업력이 어서 오라고 기다리고 있다가 그 분들을 몰고 가버렸습니다. 얼마나 안타까운 일입니까?

우리가 기도와 선을 많이 하면 속 깊은 영성(靈性)이 발달하여 미래에 대한 예감을 갖는 경우가 있습니다. 이런 사람은 업력이 다가올 때 '아! 업력이 닥쳐온다. 어쩔 수 없다면 편안하게 받아야겠다' 하고 마음 그릇을 키워 업력을 줄여 받는 능력을 지니게 됩니다. 그리고 가벼운 업력은 피했다가 내가 형편이 좋을 때 받는 경우도 있으며 또 업력을 받으면서 더 좋은 것으로 전환할 줄도 알게 됩니다.

오늘 제 강의를 듣고 돌아가실 때 '한 조각 검은 구름이 고을 어귀에 비꼈는데', 즉 여러분 앞에 무슨 어려운 일이 기다리고 있는지를 살펴서 업력의 손아귀에서 벗어나도록 더욱 깊은 신앙심과 공부심으로 생활하시기 바랍니다.

誰知步步犯佳苗(수지보보범가묘)야
누가 알랴 걸음마다 곡식밭을 해치는 것을

곡식밭은 남의 행복한 생활, 평화로운 가정, 평화로운 사회, 좋은 인간관계를 말합니다.

이 구절은 '흑우가 지배하는 사람의 행동을 보면 천방지축이 되어서 여기저기에서 나쁜 짓을 하니 남의 행복을 앗아갈 줄을 누가 알겠는가?'라며 안타까워하는 의미입니다.

어떤 분한테 들은 안타까운 이야기입니다.

자기 아내가 바람이 났는데 알고 보니 아내보다 훨씬 연하의 남자와 바람이 났다는 것입니다. 그래서 사정을 했다고 합니다. '고등학교 3학년인 아들이 있지 않느냐. 정신을 차려라. 내가 당신을 죽이고 싶어도 자식들 때문에 그럴 수가 없으니 이렇게 사정을 한다.'고 말입니다. 그래서 아내에게서 '다시는 그러지 않겠다'는 약속을 받았으나 또 그러더라는 이야기였습니다.

그 사람의 아내도 책임이 있지만 아내와 관계한 젊은 남자는 한 가정의 행복, 즉 남의 곡식밭을 앗아가 버렸다고 할 수 있을 것입니다.

앞에서 말씀드렸다시피 중생은 예비 죄인입니다. 죄 짓기 일보직전이지만 체면상 짓지 않는 경우가 많습니다. 이렇듯 남의 곡식밭을 해칠 소지를 가진 사람이 범부중생입니다.

이 경우가 아니더라도 우리들이 남의 곡식밭을 해치는 일을 무심결에 하고 다른 사람의 가슴에 피멍을 들게 하는 경우가 흔히 있습니다. 우리는 이것을 알아야 합니다. 남의 가슴에 화근을 뿌리면 나도 당한다는 인과(因果)를 자각해야 합니다.

그런데 권리가 많은 사람, 명예가 높은 사람, 가진 것이 많은 사람, 재주가 많은 사람이 오히려 남의 행복을 빼앗아 가는 경우가 많습니다.

어린이들이 개구리를 맞추려고 돌을 던지는 경우를 많이 봅니다. 어린이들에게는 재미있는 놀이가 될지라도 개구리에겐 생사가 걸린 문제입니다. 우리는 자신이 가지고 있는 재능과 권리를 잘 사용하여야 합니다. 이를 잘못 사용하면 남의 행복을 앗아가는 일을 범하게 됩니다. 흑우가 마음을 지배하면 마음을 마음대로 할 수 없게 됩니다.

여러분들은 검은 소의 지배에서 벗어나는데 힘을 쏟고, 검은 소를 흰 소로 길들이는 마음공부에 정진하시기 바랍니다.

# 2 길들이기 시작하다

# 初調

## 2. 길들이기 시작하다(初調)

我有芒繩驀鼻穿(아유망승맥비천)하니
一廻奔競痛加鞭(일회분경통가편)이라
從來劣性難調制(종래열성난조제)하야
猶得山童盡力牽(유득산동진력견)이라

**길들이기 시작하다**

내게 있는 고삐로 곧장 코를 뚫고
한바탕 다투면서 채찍질을 더하건만
옛날의 나쁜 습관 다스리기 어려운지라
산동은 오히려 힘을 다 해 이끄누나

단어 · 숙어 해석

**망승(芒繩)** 소나 짐승들을 끌고 다니는 고삐

**비천(鼻穿)** 짐승의 코를 뚫는 것

**분경(奔競)** 경주하다, 앞 다투어 경쟁함

**조제(調制)** 조절하고 자제하는 것

註

1. **나에게 고삐 있어** : 숙세에 맺은 불연(佛緣), 법연(法緣)

2. **山童** : 신심 · 서원으로 세운 공부심, 수행심

3. **열등한 성질** : 세세생생 욕심에 찌들어 지어 놓은 악습들

## 길들이기 시작하다 (初調)

*序詩*

부처님의 자비에 걸려든 검은 소
천만다행함을 어느 때나 알건가
극락과 지옥을 구별 못하여
저울질하는 눈초리 안타까워라
자기 부처는 마음속 깊은 곳에 꿈틀거리지만
검은 구름 두터움이 한(恨)이로다
두어라 걱정할 것 따로 없나니
자비의 법줄을 어느 누가 끊으랴.

초조(初調)는 기신(起信), 초신(初信)의 의미입니다. 처음 불법(佛法)을 만나서 호감을 갖기 시작한 단계입니다.

이는 처음으로 자기 마음을 조절하기 시작했다는 뜻이기도 합니다. 중생이 일상적인 삶을 살다가 종교에 귀의하여 진리적인 삶에 대해 눈을 뜨기 시작함을 비유한 것입니다.

마음을 무엇으로 조절할까요? 불법의 가치관, 불법의 분위기, 불법의 스승에게 귀의하여 그것으로 조절해야 합니다. 그리하여 불법의 정서와 가르침에 표준하여 방종하는 마음을 돌려야 합니다.

그림은 정법(正法)과의 만남, 불지(佛地)를 향한 출발의 모습을 그린 것입니다. 그림을 보면 소는 다른 쪽으로 가고 싶은데 사람이 소의 고삐를 잡아끄는 모습입니다. 사람의 방향과 소의 방향이 맞지 않아서 갈등하고 어려워하는 모습임을 알 수 있습니다. 이때는 오욕의 세상이 좋을 때도 있고, 불법이 좋을 때도 있는데 그것은 확실한 방향을 잡지 못했기 때문입니다.

여러분들이 불법을 처음 만났을 때, 원불교에 처음 입문했을 때 어떠했습니까? 원불교에 입교하는 동기 중에는 '천도재(薦度齋)'가 인연이 된 경우가 많습니다. 부친상에 재주(齋主)가 되어 원불교에 왔다가 교무님이 일주일마다 기도해주고 정성을 들여 주니 고맙다는 생각을 하던 중, 교무님의 권유로 교도가 된 경우입니다.

코를 탁 꿰인 것입니다. 이 단계는 교무님이 늘 전화하고 챙기니까 코가 꿰어서 교당에 나오기는 하지만 생각은 다른 곳에 있기가 쉽습니다. 이때 밖으로 스승의 권유가 있고 자기 마음속에서도 양심의 스승이 조금씩 상응(相應)하면 '나도 저 길을 가야지' 하고 불법에 귀의하려는 마음이 싹 트게 됩니다. 이와 같이 불법에 대한 발심과 교무님의 권유가 마주쳐서 코를 꿰인 것입니다.

이 때가 원불교 법위등급(法位等級)의 보통급(普通級)입니다. 그림이 아주 잘 보여 줍니다. 코를 딱 꿰인 것이 정확한 표현입니다.

여기가 불지(佛地)를 향한 출발지입니다. 그림을 보면 검은 구름이 서서히 걷히고 조금 하얗게 되어 있습니다. 여기서부터는 서기가 돌기 시작합니다. 이 단계가 대단히 중요합니다. 교법(敎法)에 마음을 내기 시작한 것이 중요한 것입니다.

원불교 교도 중에는 교당에 나오긴 하지만 교무님의 사정을 봐서 나오는 사람이 있습니다. 교당에 나오는 것이 남의 일 해주는 것처럼 또는 원불교를 위해서 나오는 것처럼 생각되는 때가 이 단계입니다.

이 때에 자기 자신이 여러모로 봐서 부족하다고 느끼는 사람은 말을 잘 듣습니다. 내가 배운 것도 없고 가진 것도 없다는 겸손한 마음으로 교무님이 하자는 대로 따라서 합니다.

이에 반해 지식이 많고 지체가 있는 사람은 체면을 생각하고 또 자신의 우월감으로 인해 종교생활에 쉽게 적응하지 못하는 경우가 많이 있습니다. 이 때, 자기를 버려야 합니다. 자기의 높은 위치나 환경에 구애 받지 않고 신심을 내는 사람은 대단하신 분들입니다. 대종사님은 이런 사람을 상근기(上根機)라 하셨습니다. 지식이 많고 지체가 높은 사람으로서 열심히 신앙생활 하는 사람은 상근기입니다.

제가 자동차 운전학원에서 운전을 배울 때 교단내 직책이 영산대학 학장이었습니다. 그때 강사가 제가 학장으로 있던 학교의 학생들보다 나이가 적은, 갓 고등학교를 졸업한 듯한 사람이었습니다. 그런데 그 사람은 저의 신분을 모르니 '아저씨, 이렇게 해봐요!' 라

며 명령을 하고, 또 잘못하면 '아저씨 그것도 못해요?' 하며 핀잔
을 주었습니다. 그때 '내가 학교에 가면 나를 보고 학장님, 학장님
하는데…….' 하는 생각이 스쳤습니다. 그러나 어쩌겠습니까? 운전
을 배우려면 학장이라는 상(相)을 떼야지요. 어린 운전강사를 최고
의 스승으로 모시고 배워야 운전을 잘 할 수가 있고 면허증을 빨리
딸 수가 있지요. 그 때가 여름철이라, 강사에게 시원한 음료수도 사
주고 하니 훨씬 더 친절하게 가르쳐 주었습니다. 그 때 제가 학장이
라는 생각을 계속 가지고 있었으면 기분이 좋지 않았을 것입니다.
간혹 기분 나쁘다는 생각이 들면 '학장 떼고 배워야 잘 배운다'는
생각을 했습니다.

　운전 배우는데도 이러한데 하물며 흑우를 백우로 변화시키는 부
처님 공부를 하는 때에 체면이 무슨 소용이 있겠습니까?

　다 떼어버리고 시작해야 합니다.

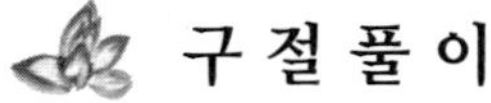 ## 구 절 풀 이



맥비천(鬐鼻穿)은 코를 뚫는다는 뜻입니다. 이 구절은 '금방 달려들어서 곧장 코를 뚫고'라고 번역할 수 있습니다. 내게 있는 고삐는 자기가 자기를 가르치는 스승, 양심의 스승, 법의 스승을 의미합니다.

이 단계는 불법을 만나 '아, 참 좋구나' 해서 불법의 종자가 뿌려진 것입니다. 우리가 원불교를 만나게 된 것도 수 많은 생을 살다가 불법의 종자가 뿌려진 것이 묘하게 계기가 되어 그 종자가 발아된 그런 것입니다.

금생에 원불교를 만난 사람은 거의가 다시 만났다고 할 수 있습니다. 여러 생에 뿌려 놓았던 불종자(佛種子), 선종자(善種子)가 썩지 않고 쑤욱 올라오면서 다시 만나니까 '아! 참 좋다'는 생각이 드는 것입니다. 즉 전생의 인연으로 진리 앞에 쉽게 다가 설 수 있는 것입니다.

전생에 특신급에 올라, 최후 한 생각을 '내가 이 공부, 이 사업 해야지' 하고 생을 마친 사람은 금생에 불법을 만나면 굉장히 좋아합니다. 마치 흡인력이 있어 진리에 빨려 들어가 듯 합니다. 이를 '코 꿰었다' 고 비유한 것입니다. 스스로 좋아하는 마음이 있어야 코가 꿰어지고 따라와서 입교를 하는 것입니다. 우리는 이러한 의미에서 불연(佛緣)을 소중하게 알아야 합니다.

제가 원불교를 만난 인연은 이렇습니다. 서울에서 살다가 전주에 있는 집으로 내려가게 되었는데, 그 때 처음 보는 이종 형님이 와 계셨습니다.

그런데 처음 보는 이종 형님이 저를 보고 '너는 원불교에 가면 특신급은 바로 되겠다. 익산 북일면에 가면 원불교 중앙총부가 있는데 너하고 잘 어울리겠다. 네 얼굴을 보니 부처님 얼굴 같다' 며 듣기에 좋은 말씀만 하셨습니다. 마음이 조금 끌렸으나 제가 살던 서울에 마음이 더 있어 다시 서울로 왔는데 서울살이가 좋지 못하여 다시 전주에 있는 집에 가게 되었습니다. 그 때 다시 이종 형님이 오셔서 '그곳에 가면 높은 도인(道人)이 계시고, 도담(道談)도 해주시고 하니 가보라' 는 말씀을 계속하셔서 원불교 총부에 가게 되었습니다.

원기 44년 7월 24일로 기억되는데 총부에 와서 정산종사님을 뵙게 되었습니다. 그 때는 초기 교단이라 처음 온 사람도 정산종사님을 뵐 수 있었습니다.

　7월에 하얀 모시옷을 입으시고 의자에 앉아 계셨는데, 가까이서 뵈었더니 눈썹은 하얗고 성안은 맑고 맑아 달관하신 듯 보였습니다. 저를 내려다보시는 정산종사님의 모습이 마치 저의 전부를 아시는 것 같아 다시 얼굴을 보려하니 차마 바로 볼 수가 없었습니다. 그 때 '저 분이 바로 신선이구나' 하는 생각이 들었습니다.

　그리고 정산종사께서 대종사 성탑 앞에서 심고를 올리는 모습을 보았습니다. 그 때 정산종사의 하얀 손과 그 제자들의 모습이 제 생각에는 공자가 제자들을 데리고 어디론가 다니는 것 같았습니다. 저의 가슴이 짜릿해지더니 '아! 이곳이 도인이 사는 곳이구나' 하는 생각이 불현듯 들었습니다.

　그　때 저는 정치에 관심이 많아서 '나는 원불교가 아니라 세상에서 정치하고 출세해야 될 사람이지' 하는 마음이 일어났지만 결국 저도 코를 꿰고 말았습니다.

　그 때 응철(應哲)이라는 법명을 받았는데 응산종사(應山宗師)께서 '네 이름이 좋다. 너는 세상에 나가서 누구를 만나든지 밝게 응해서 제도할 사람이다. 너는 참 일꾼이다' 하시며 격려해 주셨습니다. 저도 이렇게 코를 꿰게 된 것입니다.

　앞 장에서 양심의 스승에 대해서 말씀드린 바 있습니다만 양심이 있다고 하여 다 불법에 귀의하는 것은 아닙니다. 양심에 기초해서 선지식의 감화를 입고 불법에 대한 가치를 느껴 불연을 심어야만 초심을 내고 귀의할 수 있습니다.

'채찍질을 더 하건만'은 불법을 만나면서부터의 갈등을 비유한 것입니다. 불법에 기초한 삶을 살아야 할지, 이전처럼 세속에서 일상의 삶을 살아야 할지 한바탕 갈등을 하는 때를 표현한 구절입니다. 이는 양심의 움직임으로 '그래도 불법에 바탕해서 살아야 되지' 하며 자신을 채찍질하는 것을 묘사한 것입니다.

이 때는 흑우, 즉 욕심에 물든 마음의 소가 불법의 교리(教理)를 알기 시작하는 때입니다. 또 스승을 만나 종교의 가치를 알고 자신의 본래 모습인 백우의 방향으로 마음을 처음 내는 때입니다. 이는 폭풍우가 심하게 몰아치다가 햇빛이 나는 것과 비교할 수 있습니다. 그러나 언제나 좋은 것을 방해하는 방해꾼이 있기 마련입니다. 신앙생활을 방해하는 유혹이 많아지고 자신의 마음속에도 옛날로 돌아가자는 욕심의 무리들이 고개를 들게 됩니다. 이 때에 유혹에 빠지지 말고 교법에 대한 신심을 챙겨야 성공할 수 있습니다.

초복은 한 여름 무더위가 심해도 서늘한 기운이 처음 일어나 여름기운을 누른다는 뜻입니다. 불제자가 처음 발심을 할 때면 흑우가 방해하기 마련입니다. 서늘한 기운이 일어나 한 여름의 무더위를 누르듯이 오욕의 검은 때를 벗고 백우(白牛)로 전환하는 이 때 불법에 코를 꿴 것을 자랑으로 여기고 행복으로 여겨서 교법대로 인격을 가꾸리라는 다짐을 거듭하여야 합니다.



원문의 열성(劣性)은 자신을 타락하게 하는 비인간적인 습관, 자신을 강급하게 하는 재물욕·식욕·색욕·안일욕·명예욕 등의 욕심과 업력, 집착심 등을 말합니다. 이러한 것에 물든 흑우가 불법을 만나 구원의 길을 알고 그 쪽으로 향하고자 하지만 열성(劣性)의 구덩이에서 벗어나기가 어려운 것을 표현한 구절입니다.

수도인은 욕심과 습관의 사슬이 얼마나 질기고 강한가를 자각(自覺)해야 합니다. 수도인은 이러한 죄망(罪網)에 사로잡힌 자신을 직시하고 이곳으로부터 탈출을 단행해야 합니다.

그렇지 못하고 죄망에 사로잡힌 자신의 모습을 모른 채 그저 사랑하고 미워하며 살아가는 중생은 지금의 사랑과 미움이 장차 어떠한 인과로 다가올지 모릅니다. 우리는 윤회(輪廻)의 고통으로 다가올 눈앞의 소득, 눈앞의 감정을 앞세워서는 안 됩니다. 자녀를 키우다보면 자녀의 난폭하고 못된 성질은 아무리 부모가 고쳐주려고 해도 교육으로는 어렵고 한계가 있음을 알 수 있습니다. 즉, 본인의 자각에 의해 마음을 단련하여 그 성격을 고칠 수밖에 없습니다.

중생들이 죄를 짓는 것은 진리를 모르기 때문이며 잘못된 습관과 욕심을 자기 자신이 지배하지 못하기 때문입니다. 이러한 죄업(罪業)을 벗어나려면 결국 종교에 귀의하여 성자의 말씀을 믿고 실천하여 자기가 자기를 변화시킬 수밖에 없는 것입니다.

## 목동은 힘을 다 해 이끄네

猶得山童盡力牽(유득산동진력견)이라
산동은 오히려 힘을 다 해 이끄누나.

산동(山童)은 자신 속에 있는 공부심을 말합니다. 이것이 힘을 다해서 우리의 마음을 이끌어 줍니다. 어쩌면 이 구절은 보명화상의 희망사항이 아닌가 합니다. 우리가 그렇게 해야 되지 않느냐는 뜻에서 말입니다. 우리가 습관대로 살 수 밖에 없다고 한다면 윤회보를 받을 수밖에 없습니다.

이 단계에서는 소중하고 좋은 도반(道伴)을 만나야 합니다.

교당에 가면 마음공부를 하는 분들이 많이 있습니다. 좋은 도반이 있으면 친구 따라 강남 가듯 쉽게 갈 수 있습니다. 우리는 이 불연(佛緣), 도반을 소중히 여겨야 합니다.

우리가 도반을 사귈 때 이해관계로 사귀어서는 안 됩니다. 돈을 빌려주고, 편리를 보아주는 등의 이해관계로 사귀면 자칫 돈도 잃고 신앙도 잃게 됩니다. 그러기에 돈을 빌려 줄 일이 있으면 받을 생각을 말고 아주 주어 버리라는 말이 있습니다. 우리는 이해관계를 떠나서 불연을 맺고 소중하게 가꾸어야 합니다.

좋은 도반을 많이 만나면 한 단계 높이 올라갈 기회가 많아집니다. 도반이 때로는 목동이 되어 자신을 진급의 길로 이끌어 주기도 합니다. 그런데 좋은 도반이 없는 사람은 외톨이가 되어 군중 속에서 고독하게 됩니다.

그리고 초조의 단계에서는 스승의 훈증(薰蒸)이 필요합니다. 미목(未牧)의 단계, 즉 보통급 때는 교무님과 가까이 하기 힘듭니다. 하지만 이때에 자신을 이끌어 주는 스승과 동지를 가까이 하고 훈증을 받으면 큰 힘이 됩니다.

그리고 이 단계에서는 늘 법문(法門)을 가까이 해야 합니다. 교당을 가까이 해서 진리의 말씀을 많이 듣고 믿어 '나도 실천해야지' 하는 강한 맹세를 해야 합니다. 불제자는 부처님의 가르침을 자주 접해서 거기에 흠뻑 젖어야 합니다. 그래야 교법을 빨리 실천할 수가 있습니다.

# 3

## 길들어 가다

# 受制

# 3. 길들어 가다(受制)

漸調漸伏息奔馳(점조점복식분치)하니
渡水穿雲步步隨(도수천운보보수)라
手把芒繩無少緩(수파망승무소완)이나
牧童終日自忘疲(목동종일자망피)라

**길들어 가다**

점차 길이 들어 날뛰는 기운 쉬어지고
물 건너고 구름 비켜 걸음걸음 따라오니
손에 잡은 고삐 조금도 늦추지 못하지만
목동은 종일토록 피곤한 줄 몰라라

## 단어 · 숙어 해석

**분치(奔馳)** 바쁘게 돌아다님, 산과 들을 뛰어 다님

## 註

1. **달릴 마음** : 밖으로 쏘다니고 싶은 감정, 객기

2. **물 건너고 구름 비켜** : 역경과 순경을 법으로 극복하다

3. **고삐** : 챙기는 마음

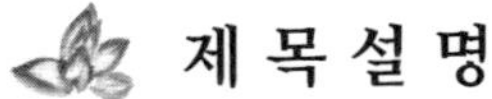

## 제목 설명

> # 길들어 가다(受制)
>
> *序詩*
> 씩씩거리는 검은 소의 야성(野性)
> 겨우겨우 잠드나니
> 코 꿰인 저 소가 법선(法線)따라 가는 길
> 이제 겨우 머리 돌려 희어졌네.
> 아장아장 걷는 아기부처
> 뱃속 검다 탓하지 마소
> 작은 종자가 결국 큰 부처 이루나니
> 솔 키워 정자 본다는 말이 있다네.

수제(受制)는 '법을 수용하다' 는 의미입니다. 즉 불법을 능동적으로 수용하고 기쁜 마음으로 받아들인다는 뜻입니다.

세상을 살다보면 많은 제약이 있습니다. 예를 들어 돈을 벌기 위해서 젊은 사람이 어른 말을 잘 듣는다거나, 체면 때문에 혹은 잘 보이기 위해 자신을 꾸미는 것 등입니다.

그러나 수제단계부터의 제약은 종전과는 다른 제약입니다. '원불교를 다니니까 너무 좋아!' 하면서 원불교의 교법과 계문 등을 잘 받아들이게 됩니다. 실천하려면 힘들지만 스스로 받아들이게 되는 이 제약은 불법(佛法)의 제약이라 할 수 있습니다. 이전에는 외부 환경의 제약을 수동적으로 받아들였다면 수제단계부터는 불법의 제약을 기쁜 마음으로 받아들이게 되는 것입니다.

그 동안 살생을 함부로 하고, 여러 가지 계율을 마음대로 범하던 사람이 회심(回心)하여 불법을 실천하고자 노력한다면 그 동안 세속에서 자유 방종 하는 마음이나 행동에 대하여 자기 자신이 제약을 가하기 시작한 단계입니다. 수제의 단계가 되면 이전 삶의 태도를 반성하고 자신의 삶에 불법을 수용하여 진리에 대하여 적극적인 자세를 갖게 됩니다.


수제의 단계가 되면 가치의 일대 전환을 일으키게 됩니다. 세속적 가치, 즉 명예 지위 돈에 대하여 예민하게 마음을 쓰고 살던 사람이 도덕적 가치, 즉 스승의 가르침·진리·인과 등을 매우 존중하게 됩니다. 이를 원불교 법위등급에 비유하면 특신급, 유교에서 말하는 입지(立志)의 단계라 할 수 있습니다.

그림이 아주 좋아졌습니다. 소와 사람의 방향이 같아졌지요. 먹구름이 없어졌고 서운(瑞雲)과 달이 떴습니다. 이것을 영생(永生)의 관점에서 보면 대단한 경사입니다. 이 단계는 성자와 부처님의 품안에 푹 안기는 것과 같습니다.

세상의 명예가 대단하고 권리가 대단하고 지식이 많고 돈이 풍부한 것도 영광스런 일입니다. 그러나 이것은 일생의 일이고 이것으로 인해 타락할 요인이 되기도 합니다.

대종사께서는 일찍 남녀욕을 아는 사람, 일찍 돈의 맛을 보는 사람, 일찍 권리를 가진 사람은 큰 사람이 되기 어렵다고 했습니다. 그것 자체가 나쁜 것이 아니라 그것을 벗어나기가 어렵다는 의미입니다. 젊을 때부터 검사영감님, 군수영감님 혹은 무슨 영감님 소리를 들으며 일생을 살다보면 그것으로 인해 다음 생에는 아만심(我慢心) 많은 사람이 되기 쉽습니다.

이 단계는 흑우가 머리를 탁 돌려서 스승과 교법이 하자는 대로 잘 따라오게 됩니다. 도인으로 변하려면 환장(換腸), 즉 창자를 바꿔야 한다는 말처럼 이 단계에서는 앞에 설명했듯이 가치관의 변화가 옵니다. 이 단계는 원불교 교도가 원불교적 가치관을 전적으로 수용하는 특신의 단계라 할 수 있습니다.

어느 교도님은 '내가 원불교를 만나기 이 전에는 술이나 차 한 잔 얻어먹으면 오늘은 재수 좋은날이라고 생각했으나 원불교를 만나 인과를 안 뒤에는 술 사주고 다른 사람에게 보시를 해야 재수가 좋은 날이 되었다' 는 이야기를 했습니다. 이 분은 원불교를 만나 가치관이 바뀐 사람입니다. 이 때부터 진리의 품에 안기는 사람이 되어 성자의 포태(胞胎)가 만들어지기 시작합니다. 스스로는 별 사람이 아닌 것 같아도 스스로 특별한 신심을 내면 별 사람이 됩니다.

부처님의 가르침이 자기 것이 되기 때문에 성자로의 자기 변신을 할 수 있기 때문입니다. 이처럼 원불교적 가치관을 수용하여 '불생불멸(不生不滅)의 이치와 인과보응(因果報應)의 이치가 정말로 있구나. 저 스승을 따라가면 내가 진급하겠구나' 하는 특신의 단계가 되면 신계(神界)에서 미리 성성식(成聖式)을 해준다고 합니다. 곧 성자(聖者)가 될 사람이므로 미리 성성식을 해준다는 말씀입니다. 그래서 그 사람의 주위에 꽃비가 내리고 서운(瑞雲)이 감돈다고 합니다. 그림에서도 살랑살랑 좋은 구름이 일고 있습니다. 그림에서의 구름이 바로 서운이라 할 수 있습니다. 이처럼 특별한 신심이 나서 구도(求道)에 대한 불타는 마음이 지속되면 그 사람이 사는 지역에 서운이 감돌고 꽃구름이 인다고 합니다.

> 날뛰는 기운 조금씩 쉬어지고
>
> ---
>
> 漸調漸伏息奔馳(점 조 점 복 식 분 치) 하니
> 점차 길이 들어 날뛰는 기운 쉬어지고

이 구절은 살도음망(殺盜淫妄)의 계율을 범하고 살던 사람이 불법(佛法)을 만나 몇 년간 열심히 교당을 다니며 공부를 하니 자연히 그런 객기(客氣)와 야성(野性)이 점차 쉬어지는 단계를 비유한 것입니다. 그러나 이것은 잠시 쉬어진 것이지 그런 마음이 아주 없어진 것은 아닙니다. 하지만 '아! 내가 이렇게 살아야겠구나!' 하고 진심으로 불법을 받아들이고 그 가치관으로 살다보면 야성이 완전히 쉬어지는 날이 올 것입니다.

이 때 중요한 것은 청법(聽法), 즉 법문을 많이 받들고 그것을 진심으로 받아들여야 합니다. 법문을 많이 들으면서 '아! 그 말씀이 옳다. 옳다' 그리고 '불법대로 생활을 해야겠구나' 하고 실천과 보은의 생활을 해야 합니다.

원불교에 와서 가장 많이 들은 이야기가 어떤 것입니까? 아마 불생불멸의 이치, 인과보응의 이치, 그리고 마음공부에 대한 이야기가 아닌가 합니다.

　여러분께서도 이러한 법문을 많이 듣다보면 생활태도가 달라지고 마음가짐이 달라질 것입니다. 자신의 마음에 부처님의 법문이 가득하도록 틈나는 대로 경전을 외우고 또 법문을 많이 경청하여 세속적인 유혹이 비집고 들어오지 못하도록 전심전력해야 합니다. 마음속이 온통 부처님의 자비경륜으로 가득하면 자연 말과 행동으로 표현될 것이며 이렇게 살면 결국 마음속에 잡초는 자랄 수 없어서 흑우가 변하여 백우가 될 것입니다.

## 걸음걸음 따라오나

渡水穿雲步步隨(도수천운보보수)라
물 건너고 구름 비껴 걸음걸음 따라오나

　'물 건너고 구름 비껴'는 '순역(順逆)경계를 맞이해서'라는 의미입니다. 개인이나 가정, 사회생활을 하다보면 순역경계가 많습니다. 힘들게 물을 건너야 하는 역경과 꽃구름처럼 아름답게 찾아오는 순경이 숱합니다.

　중생이 역경을 만나거나 순경을 당하게 되면 교단(敎團)과 스승에 대한 존경과 믿음이 약해져서 불법을 멀리하기 쉽습니다.

　그러나 진정한 불제자는 순경·역경의 환경 변화에 지배받지 않

고 오히려 불법을 삶의 지표와 의지처로 삼아 신앙심이 깊어져야
합니다.

수제(受制)의 단계에서는 따라 간다는 것이 중요합니다. 스승과
교법, 동지, 교단과 진리를 믿고 열심히 따라가는 것이 중요합니다.
이 단계에서는 순종하는 마음이 생명선과도 같습니다.

어느 교도님은 '어디서든지 둥근 원(圓), 부처 불(佛)자를 보면 반
갑고 원불교를 가까이 하면 왜 좋은지 몰라도 무조건 좋아서 교당
에서 하자는 대로 따라서 하게 된다'고 했습니다. 이것이 바로 수
제의 단계입니다.

이러한 의미에서 수제는 불법과 연애하는 시기라 할 수 있습니
다. 이유 없이 원불교가 좋고 교무님이 좋습니다.

선진 중 정세월 할머니의 일화가 있습니다. 주산종사(主山宗師)
께서 변산 성지에 계실 때의 일입니다. 정세월 할머니가 주산종사
께서 식사를 어떻게 해결하시는지 걱정이 되어 음식거리를 장만하
여 초당에 가 보니 마침 주산종사께서 밥을 지으려고 조리질을 하
고 계시더랍니다. 그 때 주산종사는 조리질을 잘 못해서 고개를 흔
들면서 했습니다. 정세월 할머니는 이를 보고 '원불교에서는 조리
질을 저렇게 하는가 보다' 하고 본인도 고개를 흔들며 조리질을 하
게 되었다고 합니다. 그 분은 남편이 김제에서 의원을 하며 잘 사는
분이셨습니다. 그런데 주산종사께서 초라한 초당에서 작은 상에 밥
을 차려 놓고 드시니까 그것이 좋아보여서 또 그렇게 했다고 합니

다. 이것이 수제단계의 대표적인 특신의 예가 아닌가 합니다.

대산종사께서는 사투리를 많이 쓰셨습니다. 대산종사께서는 할머니를 '할마니' 라 하셨습니다. 저는 그것이 참 좋게 들렸습니다. 그래서 저도 원불교 만나기 전에는 '할머니' 라고 하던 것을 '할마니' 로 바꿔 부르고 '한결같이' 를 '한갈같이' 로 쓰게 되었습니다. 대산종사의 모든 것이 좋아 보여서 따라하게 된 것입니다.

지식이 많고 세상에 대한 경우 밝은 사람은 구별을 잘 짓습니다. 그러나 수제의 단계에서는 좀 둔한 듯 분별없이 따라오는 것이 좋습니다. 그래야 원불교와 한 살이 될 수 있습니다.

어느 종교든 수제의 시절이 있습니다. 광신이 되든지 미신이 되든지 맹신이 되든지 이런 시절이 있어야 합니다. 여러분께서는 지금 무엇을 알고 믿습니까? 그냥 교무님이 하자고 하니 따라서 한다는 것도 의미 있습니다. 옆에서 좋다고 해서 따라서 하는 좋은 시절, 이 때가 중요한 시절입니다. 여러분 중에는 그 시절을 지낸 사람도 있고 아직 지내지 않은 사람도 있을 것입니다.

대산종사의 법문에 의하면 전생에 간절히 불법을 찾았던 사람은 금방 특신이 되고, 그것이 잘 이루어지지 않았던 사람은 지금 마음 공부를 하면서 특신이 되어지는 사람도 있다고 합니다. 특신 중에도 당장 좋다는 사람도 있고, 공부를 하면서 '참 좋다. 그렇지' 하며 좋아하는 사람도 있습니다. 어떤 경우든 마음의 각오를 다지는 특신의 시기가 중요합니다.

手把芒繩無少緩(수파망승무소완)이나
손에 잡은 고삐 조금도 늦추지 못하지만

고삐는 법에 대한 표준, 스승에 대한 믿음, 동지와 함께하고 싶어하는 마음입니다. 불연(佛緣)의 고삐라는 의미입니다. '절대로 법회에 빠져서는 안돼. 아프더라도 교당에 가야지' 등 자신만의 고삐가 있어야 합니다. 이때 융통성이 있으면 잘 안됩니다. 융통성이 많으면 법에 길들여지는 시간이 점점 늦어지게 됩니다.

이 단계에서는 마음을 꽉 조이고 고삐에 매달려야 합니다. 오죽하면 코를 뚫어 고삐를 꿰맸겠습니까? 교무님이나 동지들이 전화도 많이 하고 챙기는 것이 바로 고삐를 잡아당기는 것입니다. 이때는 스스로 마음을 내어 거기에 응해야 합니다. 함께 노력하면 제도받기가 훨씬 쉽습니다. 사대불리신심(四大不離信心)이라는 대산종사의 법문이 있습니다. 진리(眞理)와 내가 둘이 아니며, 스승과 내가 둘이 아니며, 교법(敎法)과 내가 둘이 아니고, 원불교 회상(會上)과 내가 둘이 아니라는 의미입니다. 진리와 스승과 법과 회상이 나와 둘이 아닌 신심으로 상련(相連)되어야 합니다.

이렇게 하는 사람은 법문을 들으면 자기 일처럼 좋아합니다. 비록 자기는 그렇게 못 할지라도 괜히 좋습니다. 이렇게 신심이 무럭 무럭 자라면 법이 모든 것의 중심이 됩니다. 그리하여 인과의 이치, 무형 무상한 법신불 사은(四恩)의 은혜를 늘 생각하며 이를 중심에서 놓지 않게 됩니다.

그러므로 수제의 단계에서는 진리와 교법과 스승과 회상에 대한 신심으로 중심을 잘 잡아야 합니다. 그렇지 않으면 나중에 공부하기가 어렵습니다.

### 목동은 피곤한 줄 몰라라

牧童終日自忘疲(목동종일자망피)라
목동은 종일토록 피곤한 줄 몰라라

솔성요론(率性要論)에서 '자기가 자기를 가르치라'고 했습니다. 이처럼 자기를 가르치는 자기 부처님을 일러 '목동(牧童)'이라 했습니다. 이 단계에서는 원불교를 늘 가까이 하며 원불교와 관계있는 일을 많이 해도 피곤한 줄 모릅니다. 싫은 마음 없이 항상 교당에 가고 싶고 교무님을 보고 싶어 합니다. 유행가 가사에 '보고 있어도 보고 싶은'이라는 말이 바로 이것이 아닌가 합니다.

저는 수학(修學)시절에 모셨던 스승님 방 앞을 그냥 지나가질 못했습니다. 그 어른 방 앞을 지날 때에는 꼭 목례를 했습니다. 뿐만 아니라 그 어른을 모시는 상좌(上佐), 간사(幹事)에게도 존경의 마음을 가지게 되었습니다. 그 어른을 모시는 사람이라고 생각을 하니 존경심이 저절로 일어났습니다. 그리하여 그 어른은 물론 그 어른과 가까이 지내는 사람들과 늘 마음이 연해지는 듯 했습니다. 무슨 일을 하게 되면 늘 그 스승이 생각났습니다. 시비이해를 가려야 할 경우가 생기면 '스승님이라면 이럴 경우 어떻게 하실 것인가'를 늘 생각하며 마음을 연했습니다.

또한 저는 스승님이 어디쯤 계신가를 항상 알고 있었습니다. 그 분이 지금 어디에서 무엇을 하실 것인가를 늘 생각하게 되면서부터는 스승님과 떨어져 있으면서도 항상 마음이 연해 있었습니다. 그리고 스승님이 무슨 말씀을 했는가를 늘 듣고 있었습니다. 안 들으려 해도 안테나가 그곳으로 향해 있어서 금방 듣게 됩니다. 그 분에게서 저에게로 엄청난 힘이 오는 것을 느꼈습니다. 그 때 스승님이 다정한 눈으로 '공부 잘하지' 하시면 내가 공부를 굉장히 잘하는 것처럼 느꼈습니다. 혹 스승님께서 본척만척 하시면 마음이 이상해져서 의기소침하기도 했습니다.

인간의 심리는 묘합니다. 사랑을 주제로 한 노래 중에 '그 사람을 만나고 나니 하늘이 보이고, 그 사람을 만나고 난 뒤 꽃구름이 보이고, 그 사람을 만나고 난 뒤에야 세상이 꽃같이 보였다. 그 여자를 만나고 난 뒤 천지를 내가 알았다' 는 가사가 있습니다. '참 그렇겠다' 하는 생각이 들었습니다. 사랑하는 사람을 만남으로서 그 사람은 세상을 품에 안은 것 같은 기쁨을 얻은 것입니다.

하물며 교법을 만나고 부처님을 만나고 스승을 만났다고 생각하면 얼마나 뿌듯한 힘이 생기겠습니까? 수제(受制), 즉 특신을 할 때의 마음이 이런 연애감정이 아닐까 생각합니다.

방금 말씀드렸던 그 스승을 행사 때 뵙거나 다른 분들과 함께 가시는 것을 멀리서만 뵈어도 짜릿한 느낌이 왔습니다. 이 시절이 귀한 시절입니다. 이 때에 힘이 생깁니다. 이 힘은 스스로의 힘이라기보다 스승의 힘이 나에게 연해지는 것이라 할 수 있습니다. 이렇게 하면 스승과 나의 마음이 연해저 창자를 연하는 마음이 생기는 것입니다.

그 때 저는 '교단을 위해서 죽으라면 죽는다' 하는 마음이 생겼습니다. 지금도 내가 죽어서 교단이 크게 발전한다면 죽을 수 있을 것 같습니다.

우리나라에 들어온 서양종교에는 순교자가 많습니다. 그 때 '십자가를 넘어가면 살려준다' 고 했지만 많은 신도들은 순교의 길을 택했습니다. 천주교의 '절두산 성지' 는 이 분들을 모신 곳입니다.

이와 같이 저도 '불법을 비방하면 살고 비방하지 않으면 죽인다' 고 했다면 틀림없이 죽는다고 했을 것입니다. 그 때 저는 스승을 위해서 죽는다면 여한이 없다는 생각을 했고, 저에게 굉장한 힘이 어리고 가슴이 뿌듯하여 스스로 부처가 된 듯한 생각을 했습니다,

# 4 머리를 돌리다

## 廻首

# 4. 머리를 돌리다(廻首)

日久功深始轉頭(일구공심시전두)하니
顚狂心力漸調柔(전광심력점조유)라
山童未肯全相許(산동미긍전상허)하야
猶把芒繩且繫留(유파망승차계유)라

## 머리를 돌리다

날이 가고 공이 깊어 비로소 머리를 돌이키니

미쳐 날뛰는 마음이 부드럽게 골라져도

목동은 아직 마음을 전혀 놓을 수가 없어서

오히려 고삐 잡아 말뚝에 매어두네

## 단어 · 숙어 해석

**전광(顚狂)** 뒤집히어 미친 마음, 미치광이

**미긍전상허(未肯全相許)** 아직까지 긍정치 못하여 온전히

허락하지 않음

**계유(繫留)** 포박함, 붙들어 맴

## 註

1. **머리를 돌이키다** : 스스로 발심하여 마음공부를 실천하며 뜻과 실천을

아울러 佛法(불법)으로 머리를 돌이키다

2. **말뚝** : 계문, 스승님의 품, 敎法(교법)

3. **산동(山童)** : 목동과 같은 뜻으로 공부심, 수도하려는 서원을 말함

> ## 머리를 돌리다(廻首)
>
> *序詩*
> 남과의 싸움은 쉬어지고
> 나와의 싸움은 시작이 되네
> 가슴엔 후회로 가득하고
> 마음 밭은 온통 마군의 권속들
> 서울은 점령군 수중이라
> 언제나 잃어버린 옛터를 회복하리
> 법줄을 더욱 당겨 보지만
> 왕자의 소식은 보일 듯 말 듯 아득하여라.

수제(受制)는 무언가를 잘 모르고 고개를 돌리는 단계라면 회수(廻首)는 스스로 법을 알아보고 고개를 돌리는 때입니다. 수제(受制)가 고개를 타력에 의해 돌렸다면 회수는 자력으로 돌리는 것입니다.

앞에서 언급한 바와 같이 종교에 관계없이 미쳐서 따라오면 광신(狂信), 어리석게 따라오면 미신(迷信), 눈감고 따라오면 맹신(盲信)이라 하는 말이 있습니다. 회수는 이와 같이 광신, 미신, 맹신을 해

오던 사람이 '나도 저렇게 해야되겠구나!' 하며 몸소 실천하는 초기의 모습이라 할 수 있습니다.

과거의 종교는 인지가 발달하지 않은 때인지라 청소년시절의 공부에 비유할 수 있습니다. 그래서 주로 믿고 따라오는 것을 위주 했습니다. 부모가 아이들을 가르칠 때 '이렇게 해라, 저렇게 해라, 엄마 아빠 믿고 공부 잘해라' 하는 식입니다.

과거 인류가 유아기였다면 현재의 인류는 청년기에 있습니다. 어떤 선지자 (先知者)는 갑자년(甲子年, 1924년)을 기점으로 해서 그 이후의 인류를 청년기라 했습니다. 즉 철이 든 것입니다. 대산종사께서는 현재의 인류에게 '도(道)의 관(冠)을 씌워 주고 성년식(成年式)을 해야 한다'고 하셨습니다. 과거의 종교는 믿음의 종교였습니다. 그래서 '믿으면 행복이 오나니 그 분께 영광을 돌리자'고 했습니다. 다시 말하면 과거의 종교는 타력신앙이라 할 수 있습니다. 그러나 원불교는 타력을 기초하여 스스로 공부를 해서, 즉 자력으로 공부해서 스스로 성자가 되라고 합니다. 그러기에 원불교 교도들은 원불교 교리를 믿고 따름은 물론 스스로 믿는 교법을 깨달고, 깨달은 교리를 실생활에 실천해야 합니다. 이것이 미래 종교인의 모습이고 원불교 교도의 이상입니다. 그러므로 여러분은 믿음과 아울러 깨달아 실천하려는 노력을 하지 않으면 안됩니다.

저의 어머니는 과거에 절을 열심히 다니셨습니다. 그래서 제가 어머니께 아들 체면도 있고 하니 원불교에 나가자고 간청을 계속 드렸더니 변절하는 것 같다시며 '너나 열심히 다녀라' 고 하셨습니다. 그러나 아들의 말을 꺾을 수 없어 결국 교당을 다니게 되었습니다. 처음 교당에 다녀오신 후 감상을 여쭈어보니 '모르는 것 있으면 물어보라고 하는 것이 꼭 학교 같더라' 고 하셨습니다.

원불교는 믿음만 강조하는 것이 아니라 깨달음과 실천을 강조하며 지도하므로 인생의 학교인 셈입니다. 과거는 믿음이 주요 덕목이었다면 이제는 스스로 자기의 바구니에 믿음과 깨달음과 실천으로서 진리를 담아야 하는 시대입니다.


수제(受制)를 할 때는 저 쪽에 진리가 있어 그 빛으로 힘을 타게 됩니다. 그러나 회수(廻首)의 단계에서는 타력을 기초하여 스스로의 힘으로 해내야 합니다. 이 단계는 스스로 자기공부에 착수한 때라 할 수 있습니다. 이때에는 자기마음을 늘 돌아보고 살펴보아 속 깊은 마음공부를 하게 됩니다.

이때의 특징은 자기의 마음을 잘 보게 되어, 자기 마음속에 법다운 마음과 마군의 마음이 있는 것을 알게 됩니다. 그 전에는 스스로 잘난 사람이고 양심적인 사람이라 생각했던 사람도 이 때 자기 마음을 자세히 살펴보아 사나운 마음, 어두운 마음, 더러운 마음도 있다는 것을 알게 됩니다. 이에 당황하여 '나는 도저히 안되겠네' 하는 현애상(懸崖相)도 생깁니다. 때로 부처는 엄청나게 높아 보이고 거기에 이르기는 까마득해서 마음이 낙망이 되어 그냥 포기하고 싶다는 생각도 납니다. 그런가 하면 '한번 해보자' 하는 각오가 생기기도 합니다.

이때는 자기마음 내면에서 법(法)과 마(魔)가 싸우는 전쟁의 시기입니다.

마음공부에 착수하고 적공을 시작하는 이 단계를 법 있게 잘 넘겨야 합니다. 사람이 삼계(三界)를 초월하는 항마(降魔)가 되느냐 못되느냐는 이 싸움을 효과적으로 하느냐 못하느냐에 달려 있습니다.

회수(廻首)의 단계를 원불교 법위등급에 비유하면 법마상전(法魔相戰) 공부라고 할 수 있습니다. 법마상전 공부를 할 때 법이 마에게 지면 속상해 합니다. 또 법이 마를 이길 때는 자신보다 못한 사람을 업신여기는 마음이 나기도 합니다. 그래서 이때는 갈등이 많은 시기이기도 합니다. 이와 같은 갈등 속에서 수행하는 사람이 이를 극복하고 법의 속살을 돋게 하기 위해서는 스승과 법맥(法脈)을 같이하고, 동지와 함께하고, 신심 있게 공부하는 마음을 끝까지 놓지 않아야 합니다.

반야심경에 관자재보살이 '행심(行深)', 즉 '속 깊은 마음공부를 할 때에' 라는 말이 있습니다. 바로 이때가 회수의 시기입니다. 이 시기는 수도인이 중생으로 남느냐, 보살 성인이 되느냐의 기로에 선 것과 같습니다.

사람에게는 삼독심(三毒心)이 있습니다. 삼독심은 탐욕심(貪慾

心), 그것이 채워지지 못하여 화를 내는 진심(嗔心), 채워지지 않는 욕심을 채우지도 못한 채 없어도 있는 척 몰라도 아는 척 하는 어리석은 마음인 치심(癡心)입니다. 이 삼독심으로 인하여 중생은 갖가지 실수를 하고 괴로워합니다. 회수(廻首)는 이 삼독심을 자비의 마음, 청정한 마음, 밝은 마음, 감사한 마음으로 애써 돌리는 과정이라 할 수 있습니다.

날이 가고 공이 깊어서

日久功深始轉頭(일구공심시전두)하니
날이 가고 공이 깊어 비로소 머리를 돌이키다.

이 구절은 스스로 적공하고 마음공부를 해서 자기를 변화시켰다는 의미입니다.

수제(受制)에서 믿음으로 변화를 시켰다면 회수(廻首)는 스스로 마음공부해서 변화하는 단계라 할 수 있습니다.

이때는 법문을 많이 듣고 기도도 열심히 하고 각종 훈련에도 빠지지 않고 참석해서 마음에 눈을 뜨고 실천에 대한 요령을 잡게 되는 때입니다. 그리고 상당한 실천력도 갖게 됩니다.

이때는 요령을 잘 잡아서 공부하는 것이 중요합니다. 자신을 가다듬는 선(禪)과 남을 섬기는 불공(佛供)을 어떻게 할 것인가에 대한 까닭을 잘 잡아야 합니다. 전생의 습관이든, 이생의 인연이든 잘 안 되는 사람은 회수(廻首)의 기간이 오래 갑니다. 그래서 그 사람의 일생을 이 단계에서 마치게 될 수도 있습니다. 이는 꽃이 피다 말아 열매를 맺지 못하는 경우와 같습니다.

대산종사께서는 '까닭이 있어야 된다'고 하셨습니다. 이랬다 저랬다하면 안됩니다. 집념이 있어서 그것을 가지고 1년이고 2년이고 밀고 나가다 보면 거기에서 가속력이 붙고 힘이 쌓이게 됩니다. 얼음이 단단히 얼려면 추울 때 확실히 추워야 됩니다. 춥다 말고 춥다 말면 살얼음은 될지언정 꽁꽁 얼지는 못합니다. 이렇듯 우리가 공부할 때 까닭을 잡고 치열하게 해야만 얼음이 꽁꽁 얼듯이 자신의 마음에 힘을 얻습니다.

이 시기는 인과에 대해서 반절쯤 깨달았다고 할 수 있습니다. 그리하여 전생뿐만 아니라 현생에 있어서도 '얼마 전에 잘못한 것을 지금 과보를 받았네' 하며 조심합니다. 자신의 마음에서 나쁜 마음, 미워하는 마음이 나오면 그 마음을 지울 줄도 압니다. 즉 자신의 마음을 구체적으로 보며 '마음공부를 이렇게 해야 하겠구나' 하고 요령을 잡는 때가 이 때입니다.

이 시기에는 내생(來生)에 대한 준비도 합니다. 내생을 알고 내생 준비에 착수하게 됩니다. 그리하여 현생을 살면서 내생의 복을 지으려는 노력을 하게 됩니다. 스스로 발심을 해서 복을 지으려는 노력을 하는 것입니다.

그리고 이 시기에는 자신의 마음속에 있는 마군의 뿌리를 발견하고 그 뿌리를 뽑으려고 노력해야 합니다.

한 남학생이 말하기를 자기는 하루에도 여러 차례 수돗가에 나가서 물을 먹는데, 왜 그런가 곰곰이 생각해보니까 여학생들이 많이 다녀서 그랬더랍니다. 자신은 목이 말라서 물을 먹는 것으로 생각했는데 자세히 자기의 마음을 살펴보니 지나가는 여학생을 보고 싶은 마음 때문이었다라는 것이죠. 이는 처음에는 몰랐다가 나중에 자기 마음의 뿌리를 보게 된 경우입니다. 그 뿌리를 보고 잘못이 있으면 이를 해결하려는 노력에 착수하는 것을 '속 깊은 마음공부를 하는 때'라고 하는 것입니다. 이것을 모르는 사람은 속 깊은 마음공부를 하는 것이 아니라 겉으로만 맴돌며 말로만 공부하는 것입니다. 번뇌 망상의 뿌리를 발견해서 그것을 뽑아내려 노력으로 기도하고 선(禪)을 해야 합니다. 그렇지 않고 입으로만 선을 하고 글과 말로만 공부하는 사람을 구두선(口頭禪)한다고 합니다.

글을 좀 못 쓰고, 말을 좀 못 하더라도 잘못된 마음을 발견해서 그 마음을 없애려고 공을 들이는 사람이 진정으로 공부하는 사람입니다. 그 사람은 얼마 가지 않아서 업장(業障)이 녹아납니다.

저도 가끔 말이 앞섭니다. 그리고는 후회합니다. 말과 실천이 겸비된 공부가 되면 얼마나 좋을까 하는 생각이 간절할 때가 많습니다. 그런데 제가 가진 업(業)이 말을 많이 해야 하기에 별수 없이 하게 됩니다. 무슨 말을 해도 말로 만 그칠 것이 아니라 속 깊은 마음으로 해야 합니다.

탐·진·치 삼독의 못된 마음, 부끄러운 마음의 싹을 어떻게 하면 자를 수 있을까요? 염불을 많이 하면 됩니다. 탐·진·치가 성하면 염불을 하고 또 하다보면 저절로 염불이 되어 결국 탐·진·치의 뿌리가 녹아 납니다.

제가 영산에 살 때 형타원 오종태 법사께서는 몹쓸 마음이 나오면 '법신불 사은이시여! 법신불 사은이시여!' 하고 법신불 사은을 찾으셨다고 합니다. 그래서 '법신불 사은께서 내가 찾는 소리에 귀가 아프셨을 것이다' 라고 하신 적이 있습니다. 이렇듯 경계를 당하면 자기도 모르게 나오는 주문과 자기도 모르게 떠오르는 화두가 있어야 합니다. 몹쓸 마음을 어떻게 빼낼까 하는 화두가 있어야 합니다. 화두(話頭)가 없는 사람, 문제의식이 없는 사람은 공부인이 아닙니다.

세세생생 살다보면 전생에 별별스러운 마음을 심었을 것입니다. 그래서 전생의 업장에 의한 못된 마음을 빼내려면 힘이 드는 것입니다. 그러므로 적공기(積功期)인 이때에 화두를 가지고 못된 마음을 빼내는 방책을 연구해야 합니다.


공부를 하는 사람은 행동을 잘 해야 마음이 요란하지 않습니다. 공부하는 사람이 누군가와 아닌 말로 싸움을 하고 욕을 하고 나면 이튿날 아침 괴롭습니다. '그 때 그 말을 안했어야 하는데……' 하며 후회합니다. 그래서 이 시기에 공부하는 사람은 마음이 요란하지 않기 위해서 싸움의 경계가 있어도 피합니다. '차라리 마음을 안 내는 것이 좋겠다' 하고 마(魔)의 근원을 멀리하는 노력을 합니다. 이러한 모습이 다소 이기적일 수 있지만 공부를 잘하기 위해서 일시적으로 그런 것이므로 괜찮습니다.

앞에서 말한 초조, 수제의 단계를 신앙심(信仰心)이 주가 되는 시기라 하면, 회수(廻首)의 단계는 공부심(工夫心)이 주가 되어 시작하는 시기라 할 수 있습니다.

> ## 날뛰는 마음 골라져도
>
> 顚狂心力漸調柔(전광심력점조유)라
> 미쳐 날뛰는 마음이 부드럽게 골라져도

이 구절은 말버릇, 몸버릇, 마음버릇으로 인하여 욕쟁이, 욕심쟁이 등의 무슨무슨 쟁이가 되지 말라는 뜻입니다. 가령 과거 욕쟁이, 담배쟁이, 심술쟁이가 법마상전을 시작하면 비록 술·담배를 한다 할지라도 이런 쟁이 말을 들을 정도는 안됩니다.

상습적으로 화를 내는 사람은 회수(廻首)공부를 하는 사람이 아닙니다. 앞에서 언급한 여러 좋지 못한 마음도 이 단계가 되면 골라지기 시작합니다. 법과 마가 싸우는 상전(相戰)의 시기, 회수공부를 하는 사람이 말을 하게 되면 법다운 말이 많이 나옵니다. 이 단계는 얼른 보면 상당한 도인 같기도 한 때입니다.

회수(廻首)단계는 신·구·의(身口意) 삼업(三業)이 상당히 골라지는 때입니다. 원불교 계문 중 보통급 십계는 주로 몸으로 짓는 것이 많고, 특신급 십계는 입으로 짓는 것이 주종을 이루고, 법마상전급은 뜻으로 짓는 업이 주입니다. 이러한 신·구·의 삼업이 많이 골라져서 청정해진다는 뜻입니다.

사람을 평가할 때는 주로 특징을 들어 말합니다. 아만심이 많은 사람이다, 솔직한 성격의 소유자다, 직선적인 성격이다 등으로 평가합니다. 이러한 것은 현생에 형성된 것뿐만 아니라 전생의 습관이 누적된 것이라 할 수 있습니다. 사람의 특성은 그 사람의 삶에 지대한 영향을 끼칩니다. 사람의 특성이 그 사람의 매력이 되기도 하지만 그 사람의 일을 망치게 하거나 죄를 짓는 근본이 되기도 합니다.

사람이 불법(佛法)을 만나 정진을 한다고 습관을 180°로 갑자기 바꿀 수는 없지만, 자신의 성격 때문에 큰 문제가 발생하지 않도록 주의를 거듭하면 성격 때문에 큰 죄를 짓지는 않게 됩니다. 회수(廻首)는 이와 같이 악습(惡習)이 점점 녹아 선한 습관과 가치 있는 습관으로 변하는 단계입니다.

## 목동은 마음 놓을 수가 없어서

山童未肯全相許(산동미긍전상허)하야
목동은 아직 마음을 전혀 놓을 수가 없어서

목동(牧童)이 아직 마음을 놓을 수가 없다는 뜻은 무엇일까요? 조마조마해서 마음을 놓지 못합니다. 수제(受制)공부를 할 때는 잘 몰랐으나 이때는 자기 마음을 살펴보고 스스로 조마조마하다는 것입니다. 이때는 시장에 가기가 무서울 정도가 됩니다. 시장에 가서 보고 듣는 것이 많아 무슨 행동을 할지 알 수가 없기 때문입니다. 술을 좋아하는 사람이 술집 옆에 가기 어렵다고 하는 말이 있는데 이 단계에서 실감할 수 있는 이야기입니다. 술을 좋아하는 사람이 술집을 지나치면 술집에서 자꾸 오라고 한답니다. ‘남자가 한 잔 마시는 것이 무슨 죄인가? 혹은 원효대사도 술을 많이 마셨다더라’ 고 하며 자꾸 이끈다는 것입니다. 이렇듯 모든 경계가 공부의 자료이므로 회수공부를 할 때는 늘 조심해야 합니다.

법마상전을 할 때는 퇴굴심(退屈心)이 많이 나기도 합니다. 옆 사람은 굉장한 수준에 이르렀는데 나는 아직 멀었구나 하는 생각이 있어서 그만 두고 싶은 생각이 나기도 합니다.

제가 운전 면허증을 따려고 자동차 운전학원을 다닐 때는 운전을 잘하는 사람이 부러웠습니다. 저 사람은 언제 운전을 해서 저렇게 잘하는가? 나는 왜 해도 안되는가? 발하고 손이 마음대로 움직이지 않으니 왜 이렇게 둔하지. 나는 둔재라 잘 안되는가 보다 하고 운전면허를 따는 데에도 절망감이 들었습니다.

하물며 부처를 이루고자 하는 사람에게 절망감이 수 백 번 이상 드는 것은 당연합니다. 그러나 다시 일어나고 다시 일어나야 합니다.

정성 성(誠)자는 내가 졌을 때 벌떡 일어나서 다시 시작하는 것이 다라는 말입니다. 즉 잘 안되어서 넘어지게 되면 벌떡 일어나서 새로 시작하는 것이 성(誠)인 것입니다.

회수공부를 할 때 이 점을 유의해야 합니다.

이 시기에는 내가 졌다 이겼다, 되다 안되다 하기 때문에 권한이 마군한테 가기도 하고 자신한테 오기도 합니다. 하지만 마군이 훨씬 커 보입니다. 공부를 안할 때는 마군이 작게 보이는데 자기 마음을 들여다보게 되면 마군이 크게 자리를 잡고 있는 것처럼 느끼게 됩니다. 그래서 어디서부터 뚫고 들어가야 할지 모르는 때입니다. 그러므로 이때에는 스승의 훈증(薰蒸)과 법문(法門), 동지들의 보호가 필요합니다.

> ## 고삐 잡아 말뚝에 매어두네
>
> 猶把芒繩且繫留(유파망승차계유)라
> 오히려 고삐 잡아 말뚝에 매어 두네.

이것은 희망사항입니다. '그렇게 해야 된다'는 희망사항이지요. 그리고 철저하게 법을 지키는 신념을 가져야 합니다. 그래야 법의 살이 찝니다. 이 때 '나는 안 된다'는 현애상(懸崖相)이 나타나 자포자기의 심정이 되기도 하고, 교무님이나 교당에 오래 다닌 교도도 별 것 아닌 것 같은 생각에 사량(思量)·계교심(計轎心)이 많아지기도 합니다.

이를 중근병(中根病)이라 합니다. 이럴 때는 올라갔다 내려갔다 하는 경우가 많아서 많이 불안하고 자기 자신을 믿을 수 없을 때도 많습니다.

수제(受制) 단계에서 공부를 하다 포기하게 되면 '아! 내가 왜 그 때 그것을 못했던가?' 하는데 회수(廻首)공부를 하다 멈추면 더 타락하기 쉽습니다. '아무리 해 보았자 나는 할 수 없다'며 쉽게 타락의 길로 간다는 의미입니다.

이때는 법의 끈을 잘 묶어 끝까지 적공하고자 하는 의지가 필요합니다. 그리하여 중근병에 걸리지 않기 위해 노력해야 합니다. 경계를 당해서 스스로 마군을 항복 받을 수 있는 요령을 잘 잡아야 합니다. 이 때 요령을 잘못 잡으면 타락하거나 방황하게 됩니다.

예를 들면 마군을 항복 받기 위해 염불을 한다거나 선(禪)을 하는 등의 기준이 있어야 합니다. 저의 경우 이러한 때에 대경지지(對境知止), 집사전일(執事專一), 사후돈망(事後頓忘)이라는 대산종사님의 법문이 큰 위력과 힘이 되었습니다. 즉 '경계 당하면 멈추고, 일을 당해서는 전일하고, 지낸 뒤에는 깨끗이 잊자' 입니다. 이 세 가지 요령을 잡고 염불과 기도를 때에 따라 했습니다. 그 무렵에 저를 아주 힘들게 한 경계가 있었는데 대산종사님의 이 법문에 의지해 공부요령을 잡고  잘 극복한 경험이 있습니다.


이때는 성리(性理)에 눈을 뜨기 시작하는 시기이기도 합니다. 적적성성(寂寂惺惺)한 본래 마음을 어느 때는 아는 것 같고 어느 때는 모르는 것도 같습니다. 어느 때는 견성(見性)을 한 것 같고 어느 때는 그렇지 않은 것 같기도 합니다. 어느 때는 '아하! 그 자리를 말씀하셨구나' 혹은 '부처님 자리가 이 자리구나' 하다가 얼마 후에 또 잊어버리고 헤매기도 합니다. 그러기를 계속 반복하다가 나중에는 '누가 뭐라고 해도 이 마음이야, 그 자리야. 이것이 공(空)자리구나!' 라고 깨닫게 되는 것입니다. '부처님 자리도 나와 같구나' 하고 확신이 서는 이때를 견성했다고 합니다.

그리고 인과에 대하여 깊은 연구가 있어야 합니다. 내가 지은 것이 저장되었다가 때와 연을 만나면 결과로써 나에게 돌아옵니다.

선(善)을 베풀면 얼마 후에 그 사람으로부터 나에게 행복이 오고 악(惡)을 심으면 나에게 불행이 옵니다. 내가 나에게 선한 습관의 인을 심으면 선한 행동으로 나타나고 악한 짓을 하면 악한 행동으로 나타납니다. 이러한 자업자득의 인과공부를 확립해야 자력이 있는 수도인이 되고 진리에 기초한 공부인이 됩니다.

이 시기에는 스스로의 깨달음으로 법의 힘을 얻고, 스승의 법문과 자신의 생각이 일치함에 또 힘을 타며, 동지들이 '너는 공부를 잘 하는 사람이다' 라는 인정에 또 힘을 얻습니다. 저도 후배가 '경산법사님! 법문도 잘 하시고, 공부도 정말로 잘 하신다고 소문이 났대요' 하면 저의 실력을 알면서도 기분이 좋아서 힘이 생깁니다. 여러분께서도 법의 살이 찌도록 갖은 노력을 하고 온갖 정성을 들여서 정말 회수(廻首)가 되도록 적공을 들여야 합니다.

시일의 장단은 있으나 이 과정을 겪으면 반드시 항마(降魔)가 됩니다. 그러면 험준한 산을 넘어 푸른 초원이 우리 발아래 펼쳐질 것입니다. 그 때를 생각하며 우리 다 함께 정진(精進)합시다. 정진, 정진, 또 정진하여 갑시다. 이때는 다른 방법이 없습니다. 오로지 정진 밖에 없습니다. 죽느냐 사느냐의 명제를 놓고 생명을 걸듯 정진해야 중생의 무명업력(無明業力)이 무너지고 부처님의 능력을 갖게 됩니다.

# 5 길들다

# 馴伏

# 5. 길들다(馴伏)

綠楊陰下古溪邊(녹양음하고계변)에
放去收來得自然(방거수래득자연)이라
日暮碧雲芳草地(일모벽운방초지)에
牧童歸去不須牽(목동귀거불수견)이라

**길들다**

푸른 버들 그늘 밑 옛날 살던 시냇가에

놓아두고 거두어 옴이 자연스러워라

해질녘 꽃구름 아름다운 풀밭 길

목동은 돌아가는 길에 이끌 필요 없더라.

## 단어 · 숙어 해석

**벽운(碧雲)** 푸른 구름, 아름다운 구름

## 註

1. 푸른 버들 그늘 밑 : 오욕(五慾), 경계(境界)

2. 옛 시내 : 입문하기 전 세속살이 하는 경계

3. 이끌 필요 없더라 : 자력이 생겨서 스스로 지킬 것을 지키는 것

## 길들다(馴伏)

*序詩*

밤낮으로 일진일퇴의 성전(聖戰)이여
이긴 줄도 진 줄도 알아 이제 이력이 났네
그리던 왕자의 소식 완연하고
응원군도 항복군도 풍성하여지나
갈수록 계곡은 깊고 산은 더욱 험준하여라
죽느냐 사느냐 결전에 결전이로다
그대로는 흑우(黑牛)를 그리는 마음도 없지 않으나
윤회의 외로움에 선도(禪刀)를 부여잡노라.

순복(馴伏)은 마음공부를 열심히 해서 마군이가 목동(牧童)이 하자는 대로 잘 따라오는 것을 말합니다. 그림을 보면 소와 사람 사이의 끈과 고삐가 없어졌습니다.

그림처럼 소와 사람 사이에 끈과 고삐가 없는 것이 아니라 만약 고삐와 목동이 완전히 없다면 어떻게 될까요? 아마 소는 다시 흑우(黑牛)로 돌아갈 것입니다. 그러므로 이 시기에 목동(牧童)은 근접한 거리에서 깊은 관심(觀心)으로 흑우(黑牛)를 보살펴야 합니다.

순복(馴伏)의 단계는 고삐 없는 고삐로 자신의 마음 스승과 흑우(黑牛)가 잘 연결되어 있는 때입니다. 그래서 흑우의 욕심이 거의 조복(調伏)되는 때입니다. 이때는 심리공부(心理工夫)를 하는 때입니다. 즉 속 깊은 마음공부를 하는 때입니다.

이때는 천만경계를 당하여 자기 마음속에 있는 사심(邪心)을 제거하는 데에 정성을 들이고 공심(公心)과 무심(無心)과 정심(正心)을 키우는데 정성을 들이는 때입니다. 이때는 속에 있는 탐진치(貪瞋痴) 삼독(三毒)의 마군을 몰아내고 비생산적인 습관을 좋은 습관으로 끊임없이 길들이는 시기입니다. 그래서 되도록 무관사(無關事)에 동하지 않게 됩니다. 순복의 시기는 불필요한 남의 일에 관여하지 않고 자신의 정신을 시끄럽지 않게 하여 마음공부에만 전심전력하는 때이기 때문입니다. 교도님들 중 공부를 열심히 하는 사람은 비교적 무관사에 동하지 않습니다.

이때는 큰 잘못, 즉 살도음(殺盜淫)과 같은 큰 잘못은 저지르지 않습니다. 간혹 마군에게 지기는 해도 스스로 진 줄 압니다. 그 전에는 지고 이긴 줄을 잘 모르나 이때는 이를 알고 후회와 통탄을 하기도 합니다.

전쟁을 할 때 무력과 용기만으로는 쉽게 이길 수 없습니다. 지혜를 가지고 용병술을 잘 써야 이길 수 있습니다. 이와 같이 욕망에 기초한 흑우를 몰아내는 내심(內心)의 전쟁에서 이기기 위해서도 지혜가 필요합니다.

경전을 열심히 보고 스승과 동지에게도 자신의 마음을 투명하게 보여주고 잘 지도 받으면 공부하기가 훨씬 수월합니다. 국가 간에 간첩이 있듯이 우리 마음속에도 외부의 유혹에 빨리 동요되도록 하는 마음간첩이 있습니다. 우리는 마군이와 한 편인 마음간첩을 없애야 합니다. 어느 교무님이 화를 안낼 자리에서 화를 낸 뒤 마군에게 졌음을 알고 상대에게 가서 '나한테 그 말을 다시 해봐라. 내가 이기련다' 했다고 합니다.

여러분! 속이 닳는다는 말을 아십니까? 속에서 싸움을 하니 단내가 난다, 이기려고 하고 속에서 끓는 마음을 덮어놓고 있으려니 속이 탄다는 말입니다. 이때가 속 깊은 마음공부를 하는 때인 것입니다.

이때는 모든 마군이 총 동원됩니다. 이기느냐 지느냐 중대한 기로에서 평소에는 마군 같지 않던 경계가 '야! 너, 나하고 중생으로 그냥 살자' 며 사정을 합니다. 때로는 위협을 하기도 하고 유혹을 하기도 합니다. 아마 여러분도 많이 경험을 하였을 것입니다.

제일 큰 마군은 병마(病魔)입니다. 병이 와서 나를 못살게 하고 공부를 못하게 합니다. 인연마군이 와서 공부를 방해하는 경우도 생깁니다. 뿐만 아니라 마음의 여러 가지 마군이 총동원됩니다.

석가모니 부처님은 수하항마(樹下降魔)를 했습니다. 보리수 밑에서 항마했다는 말입니다. 보리수 밑은 육신수하(肉身樹下)를 의미합니다. 다시 말하면 육신을 이겼다는 뜻입니다.

예수님도 광야에서 40일 동안 금식기도를 했다고 합니다. 그 때 무엇을 했겠습니까? 아마 스스로 마음을 조복 받는 때가 아니었나 하는 생각을 합니다.

어떤 성자이든 이런 과정을 겪습니다. 짧게 겪든지 길게 겪든지 차이는 있을지언정 반드시 속에서 일어나는 마군을 제거하고 이기는 수도적공의 시기를 겪기 마련입니다.

이와 같이 이때에는 마군이 특별히 발동한다는 사실을 기억하고 우리는 그것을 두려워하지 않아야 합니다.

이 때 나에게 힘을 주는 환경이 있습니다. 마군을 이길 수 있도록 만드는 환경, 그것은 교당과 스승과 법동지입니다. 이 환경을 가까이 하면 마군을 이기고 구원을 받게 됩니다. 반대로 이와 멀어지고 마군 쪽과 더 가깝게 되는 경우가 많습니다. 그러므로 이 시기는 굳은 신심(信心)과 더불어 나에게 힘을 주는 환경이 더욱 필요한 때입니다.

그 동안에는 마군 즉, 흑우(黑牛)가 나의 주인이었는데 진리의 나로 문패를 바꾸느냐 마느냐의 분수령이 바로 순복의 시기입니다.

과거 선천시대는 마군을 눌러서 이기는 역복(逆伏)의 시대였습니다. 이 시대는 마군을 혼내서 항마를 하는 때였으나, 앞으로 돌아오는 세상은 순복(順伏)의 시대입니다. 그래서 시간이 걸려도 순리로 마군을 잘 달래서 합리적으로 이겨야 합니다.

과거 세상은 역복(逆伏)의 시대였기에 마군을 쳐부숴서 이겼지만, 이제는 순리의 시대이므로 마군에게 항복 받는 것도 합리적인 방향으로 나가야 합니다. 여러분들은 제가 드리는 이 말씀을 잘 이해하시리라 믿습니다.

이 시기는 마음공부를 열심히 하고 적공해서 견성, 즉 마음자리에 토가 떨어져야 합니다. '성품자리가 무엇이다'를 확연히 알아야 마군을 이길 수 있습니다

이전 회수단계에서는 성리공부를 어느 정도 했기 때문에 어떤 때는 깨달은 것 같기도 하고, 어떤 때는 캄캄한 느낌이 들기도 합니다.

순복공부의 단계에서는 적어도 자기의 본성을 알아야 합니다. 그래야 효과적으로 마군을 대처할 수 있습니다. 본성을 알아서 바로 회복하느냐 나중에 회복하느냐의 차이는 있을지언정 우선 본성을 짐작할 줄은 알아야 합니다. 성리에 대한 깨달음이 있어야 그 자리를 회복해서 마군을 이기기도 하고 초월하기도 하는 것입니다.

반야심경에 '관자재보살이 속 깊은 반야공부를 할 때에'라는 구절이 있습니다. '오온(五蘊), 즉 마음작용과 육신이 모두 공한 이치를 깨달아 모든 고(苦)와 액(厄)을 건넜다'라고 했습니다. 즉 행심(行深)을 할 때에는 공도리(空道理)를 깨달아 이를 무기 삼아 항마를 해야 해탈의 저 언덕에 갈 수 있는 것입니다.

> 푸른 버들 그늘 밑
> ------------------------------------------------------------
> 綠楊陰下古溪邊(녹양음하고계변)에
> 푸른 버들 그늘 밑 옛날 살던 시냇가에

 푸른 버드나무 그늘 밑은 오욕락(五慾樂)을 즐기던 환경을 의미합니다. 불문(佛門)에 들어오기 전 오욕락을 즐기던 환경, 즉 식욕·색욕·명리욕·안일욕 등을 즐기던 외부적인 환경을 말합니다.

 순복(馴伏)의 단계에서는 오욕락을 즐기던 옛날의 환경에 가끔 나가 보아도 괜찮아야 합니다. 요동하지 않고 끌리지 않아야 합니다. 요란하거나 어리석거나 그르지 않고 '아! 내가 옛날에는 저렇게 살았어!' 라고는 할지언정 가고 싶어 하고 끌리지 않아야 합니다. 혹시 그곳에 가서 놀아도 옛날처럼 푹 빠져서 즐기던 때와 잘못을 알면서 즐기는 것과는 다릅니다.

 어느 교도는 원불교를 만나 담배를 끊어야지 하면서 경계에 이겼다 졌다 하는 과정을 반복해서, 지금은 담배를 완전히 끊었다고 합니다. 그러나 지금도 몸이 피곤하거나 스트레스가 쌓일 때면 담배가 생각이 난다고 합니다. 그러나 피우지는 않는다고 했습니다. 마음공부를 열심히 하면 이처럼 마음먹은 대로 할 수 있습니다. 순복의 단계에 이르면 이처럼 옛날 유혹의 환경속에 가더라도 깊이 빠져들거나 물들지 않습니다.

혹 유혹의 환경에 빠져 욕망의 바다에 들어가더라도 자신이 죄를 짓고 있다는 것을 알기 때문에 하지 않으려는 마음이 일어나고 능히 안할 수도 있습니다. 옛날에는 그것이 죄인 줄도 모르고 범했지만 지금은 그것을 확실하게 알기 때문에 깊이 물들지 않을 수 있는 것입니다.

> ### 놓고 거둠이 자연스러워
>
> 放去收來得自然(방거수래득자연)이라
> 놓아두고 거두어 옴이 자연스러워라

이 구절은 가자하면 가고, 가서 적당히 즐기더라도 죄를 짓거나 거기에 묻혀버리지는 않는다는 뜻입니다. 혹 실수로 거기에 빠지더라도 금방 알고 마음을 돌이켜서 '안 돼!' 하고 돌아옵니다. 이 단계는 혹 때가 묻더라도 제 자리에 바로 돌아와서 그 때를 씻느라고 애를 쓰게 됩니다.

자기 스스로 공부하는 능력이 생깁니다. 이때는 스스로 생각해 보아도 자신이 상당한 사람이라는 생각을 갖게 됩니다. 반면 스스로 상당하다는 그 생각에 집착하면 교무님들을 함부로 생각한다거나 '법사(法師)되었다고 하는 양반도 저 정도인가?' 하는 식으로 남을 폄하하기도 합니다. 법(法)이 한 길 크면, 마(魔)도 한 길 크는 때가 이 때입니다.

우리가 조심해야 할 것은 이때에 마음이 약해지기도 하고, 방심이 되기도 하고, 자만할 때도 있어서 싸우는 정신을 놓아버려 상당한 동안 거기에 멈춰서 헤매는 경우입니다. 우리는 마음이 약해질 때가 어느 때인지, 방심할 때, 자만할 때가 어느 때인지를 알아서 싸우는 정신을 끝까지 놓지 말아야 합니다. 이 고비를 잘못 넘기면 중근병에 걸립니다. 이 목을 잘 넘겨야 합니다. 순복의 시기는 대승행(大乘行)을 한다고 하면서 타락하기 쉬운 때입니다.

전에도 말씀드렸습니다만 수제(受制)공부를 할 때에 타락하면 '내가 잘못을 했다' 하는 생각을 하지만, 순복공부를 할 때 타락하면 깊은 곳에 푹 떨어져서 나오기가 어렵습니다. 그러므로 순복공부를 하는 이때가 수도인의 중요한 고비입니다.

이 구절에서 '놓아두고 거두어 옴이 자연스러워라' 는 것은 희망사항입니다. 이렇게 꼭 된다는 것이 아니라 그렇게 해야 한다는 뜻입니다. 순복정도의 공부를 할 때 이와 같이 마음대로 된다 하면 곧 여래라 할 수 없습니다. 우리는 글 속의 글을 잘 읽어야 합니다.

꽃구름은 유혹을 의미합니다. 해질녘 아름다운 풀밭길을 상상해 보세요. 이 얼마나 아름다운 모습이겠습니까?

우리는 경계를 당해서 '이것이 틀림없이 마군이다. 잘못된 욕심이다' 하면 이를 이길 수가 있습니다. 그런데 마군도 포장을 합니다. 간혹 정의의 탈을 쓰고 나타나기도 합니다. 욕심이 정의의 탈을 쓰고 나서기도 하는 것입니다.

우리 나라 사람들은 항생제를 먹어도 세균에 내성이 생겨서 잘 낫지 않는다고 합니다. 이처럼 마군도 공부가 깊어지는 사람 앞에는 변장을 해서 나오기 시작합니다. 이때에 마군을 보고 '상당히 아름답잖아! 아름다운 것을 아름답게 보는데 무슨 잘못인가?' 하지만 사실은 끌리는 경우가 많습니다. 한 동안 분간을 잘못하다가 한참 후에야 '아, 내가 마군에게 속았구나' 하며 알게 되는 경우가 흔합니다.

이 시기에는 선을 굵게 하고 이성과 감성 중 이성편에 서야 마군을 이길 수 있습니다. 감성과 의리를 위주로 하면 마군에게 지기 쉽습니다. 우리는 이 때 감성을 성스럽게 승화시키는 노력을 많이 해야 합니다.

이성과 감성 그리고 의지는 우리 마음의 세 가지 기둥입니다. 이성은 잘했다 잘못했다 하는 판단을 분명하게 해주는 날카로운 것이고, 의지는 이성대로 실천하는 것이며, 감성은 자신의 마음에 젖어 즐기고 재미있어 하는 것입니다. 순복의 시기에 감정에 치중하면 마군에게 지기 마련입니다. 그러므로 이 시기에는 좀 딱딱하고 차갑더라도 이성과 의지에 중심을 두어야 합니다.

그러면 감성은 어떻게 해야 할까요? 우리는 감성을 신앙심처럼 바치는 마음, 성스러운 마음과 같이 고급 감정으로 승화시켜 나가야 합니다. 그렇지 않고 저급 감정으로 나가면 타락하기 쉽습니다.

이 순복의 시기에는 번뇌망상이나 욕심이 둔갑을 해서 나옵니다. 마음공부를 잘못하는 사람은 이 고비를 넘지 못해서 스스로에게 속게 됩니다. 앞에서 말씀드렸듯이 법고일장(法高一長)에 마고일장(魔高一長), 즉 법이 하나 승하면 마군도 따라서 하나 일어나서 별스러운 장난을 하게 됩니다.

우리는 이때를 조심해야 합니다. 이때는 정진(精進)하는 것이 최고의 약입니다. 그리고 심사(心師), 즉 마음으로 모시는 스승이 있어야 합니다. 흔히 이해관계의 스승은 있어도 절대복종의 스승은 없는 것이 문제입니다. 이해관계를 떠나 설령 나에게 손해를 끼쳐도 그 분 말씀이면 팥으로 메주를 쑨다해도 믿는 스승이 있어야 합니다. 항상 좋게 해주면 지도를 받고 섭섭하게 해주는 것 같으면 천만리로 멀어지는 경우는 스승이 없는 것입니다.

가부장적 사회에서는 '아버님 말씀은 무조건 따라서 해야 한다'고 했습니다. 따지고 재어서 스승을 모시는 것은 스승을 모시는 것이 아닙니다. 이 시기에는 무조건 믿고 따를 스승을 마음속으로 모셔야 합니다.

또한 이 시기에는 심우(心友), 즉 이해관계를 떠난 불연 깊은 도반(道伴)이 옆에 있어야 합니다. 공부를 할 때, 또는 마군과 싸울 때 옆에서 훈수해주는 심우(心友)와 더불어 심계(心戒)가 있어야 합니다.

그리고 고급 마군이 정의의 탈을 쓰고 등장할 때 이에 속지 않는 안목을 가져야 합니다. 그래서 자기마음의 심리학 박사가 되어야 합니다. 학문적으로는 심리학을 배우지 않아도 마음공부를 많이 하면 심리에 대해서 많이 알게 됩니다. 그래서 순복의 단계를 넘어 법강항마를 해서 법위가 높아지면 상담해 오는 사람을 빨리 이해하고 제도하기가 쉽습니다. 이러한 과정을 겪지 않은 사람은 남의 말을 잘못 알아듣고 이해를 잘못해서 그 사람을 제도하는데 어려움을 겪을 수도 있습니다. 이러한 과정을 겪으면서 부처의 여러 가지 능력을 키우는 것입니다.

혹 법마상전을 하면서 오래 신음하는 분이 있기도 합니다. 상당한 기간 동안 마군한테 지고 이기고 또 지고 이기고 하는 분이 있는데, 이러한 분은 끝까지 이겨야겠다는 서원(誓願)과 발원(發願)을 세우고 끝내는 이겨내야 공부가 순숙(純熟)됩니다.

대개 기성종교는 신행(信行)단체라 할 수 있습니다.

수제(受制)까지는 신행(信行)의 단계입니다. 믿는 행동을 주로 합니다. 이 단계는 믿는 대상에게 절을 하는 것이 중요합니다. 그러나 신행만을 주로하면 자신을 스스로 구원할 수 없습니다. 이렇게 되면 자신이 믿는 종교나 스승의 품안에서는 구원받을 수 있으나 그 품에서 벗어나면 구원받기가 어려워집니다. 그래서 이를 완전한 구원이라 할 수 없습니다. 그러므로 신행과 더불어 자기 수행의 단계인 수행(修行)을 반드시 해야 하는 것입니다.

우리 원불교는 신행단계에 머물지 않고 신행에 기초하여 수행을 합니다. 목우십도송에서는 회수와 순복의 단계가 수행을 하는 단계라 할 수 있습니다. 수행을 함으로써 자기가 자기를 제도할 수 있는 것입니다.

신행단계는 수 천 명이 같이 할 수 있습니다. 그러나 수행을 하려면 교무님과 문답을 많이 해야 하기 때문에 수 천 명이 모여서는 어려운 일입니다. 따라서 교당의 규모가 작은 것이 수행을 할 수 있는 요인이 되기도 합니다.

수행을 열심히 해서 법강항마를 하게 되면 제행(濟行)을 해야 합니다. 즉 제도(濟度)하는 행동을 해야 합니다. 이와 같이 제도하는 행동을 하기 전 수행의 단계인 순복의 시기에는 적공(積功)을 많이 하고 심사(心師), 심우(心友)를 잘 두는 것이 중요합니다.



순복의 단계에서는 끈을 길게 매달아 이끌지 않아도 법마상전을 할 경우 백전백승은 안 되어도 50% 이상은 승리하게 됩니다.

이때의 공부는 대체적으로 관심공부(觀心工夫)입니다. 이때는 자신의 마음 밭에 무슨 잡념이 나는 가를 살피는 공부를 많이 합니다. 그러면서도 웬만한 잡념은 내버려둡니다. 그런 잡념은 시간이 가면 저절로 없어지기 때문입니다. 이 단계에서는 습관이 잘 들어 있어서 경계를 당해도 그곳에서 벗어나기 위해 따로 이끌 필요가 없습니다.

마음공부를 깊이 하면 전생에 자신이 어떤 일을 하고 살았는가를 알 수 있습니다. 전생의 마음이 금생에 나타나기 마련입니다. 전생에 크게 놀랐던 일에 대해서 금생에 다시 또 놀라게 됩니다. 전생의

버릇이 함장식(含藏識)에 숨어 있다가 나오기 때문입니다.

그러므로 이 단계에 있는 사람이 마음공부를 할 때는 자기의 근기(根機)를 보아서 어느 부분에 더 많이 마음을 쓰고 수행적공을 해야 할지 알게 됩니다.

전생에 높은 자리에 있던 사람은 현생에 어떤 마음이 많이 나올까요? 유일욕(唯一慾), 즉 자기가 제일이라는 마음이 나오기 쉬울 것입니다. 남녀욕을 많이 즐기던 사람은 현생에도 그런 마음이 많이 나올 것입니다. 그러나 이것을 부끄러워할 일은 아닙니다. 전생에 잘 몰라서 지은 것이기 때문입니다. 그러므로 아만심이 많은 사람은 겸손한 마음으로 돌리는 노력을 하고, 나쁜 마음이 나오면 바른 마음으로 돌리는 노력을 하는 등 자기처방과 노력을 해야 합니다.

순복의 시기에 공부를 잘 하는 사람은 스승의 지혜를 빌릴 줄 압니다. 이때는 타력으로서가 아니라 자력으로 스승의 지혜를 자기 것으로 만들 줄 아는 능력이 생깁니다. 이것이 큰 능력이고 요령입니다.

이 시기에는 부처의 문패로 바꿀지 뒤로 미룰지 생각하지 말고 지금 바로 항마하려고 해야 합니다. 지금 일어나는 마음을 가지고 항마를 해야겠다는 생각을 가져야 합니다. 다음으로 미루고자 하면 한없이 미뤄지게 마련입니다.

대산종사께서 '아사법생(我死法生)하면 법생아생(法生我生)이요, 아생법사(我生法死) 하면 법사아사(法死我死)' 라고 법문하셨습니다.

'내가 죽고 법이 생하면 법도 생하고 나도 살 수가 있지만, 나는 살고 법을 죽이면 법도 죽고 나도 죽는다'는 뜻입니다.

그러므로 순복공부를 할 때는 이 법문에 유의해야 합니다. 오랫동안 법마상전급에 머물러 관습이 되면 일생을 법마상전에 머물게 됩니다. 이와 같이 관행에 머물면 안되는 것입니다. 이 시기에는 자기가 자기를 채찍질해야 합니다. 항마하기 위해 적공하고 손아귀에 마군을 쥐고 있어야 합니다. 항마를 하기 위해서는 이처럼 수행적공에 몰입해야 성자로 진급합니다.

많은 수도인이 이 단계에서 떨어집니다. 백 명이 법마상전을 한다면 떨어지고 남은 사람이 몇 명이나 될까요? 과거에는 한두 명이었지만 원불교의 교법을 실천하면 더 많은 사람이 항마의 문턱을 넘을 수 있으리라 확신합니다.


순복공부를 할 때는 아만심을 내지 말아야 합니다. 이 시기에 잘못하면 자기를 잘못 키우는 수가 있습니다. 호랑이가 되지 못한 고양이가 자기가 호랑이인줄 착각하는 것처럼 말입니다. 이 때 법 있는 스승에게 감정을 받는 것이 중요합니다. 매 맞기가 싫더라도 '나 여기 맞고 싶소' 하며 스승에게 낱 없이 바치고 매달려야 합니다.

그렇지 않으면 주변을 무시하게 되어 중근기에 빠지게 됩니다. 대산종사님은 중근기와 관련하여 '서원이 철저하고 공부심과 신심이 철저하면 문턱 넘듯이 넘는다. 또한 지원지성(至願至誠)으로 해야 된다'는 법문을 해주셨습니다. 우리는 이 시기를 지극한 원과 지극한 정성으로 넘겨야 합니다. 그러지 않고 한가하게 해서는 넘어갈 수 없는 고개가 이 고개입니다.

순복의 시기는 중생의 맨 윗자리입니다. 따라서 항마를 해서 성자로 올라가느냐 중생으로 남느냐의 고비인 셈입니다. 탁혈(濁血)이 청혈(淸血)로 바뀌느냐 못 바뀌느냐 하는 중요한 고비가 이 때입니다. 이 고비에서 우리는 끝까지 마군과 싸우는 정신을 놓지 않고 삼독심을 뿌리 뽑아야 합니다.


여기에서 성리에 대해서 한 말씀 드릴까 합니다. 우리는 공부를 깊이해 마음자리를 깨우쳐야 합니다. 사실은 이 자리 하나를 얻기 위해서 갖가지 고생을 하는 것입니다. 이 자리만 얻으면 여의보주를 얻는 것과 같습니다. 기업인이 은행돈을 내 돈처럼 활용하여 쓸 수 있으면 여반장이 되듯 수도인이 이 자리 하나만 알면 여기에서 일만 가지 조화가 생깁니다.

대종사님은 '착없는 자리를 보아서 착없는 공부를 하면 날을 기약하고 성불을 할 것이다'라고 했습니다. 여러분은 착없는 마음자리를 보았습니까? 사실은 이 자리가 어려운 자리가 아닙니다. 마냥 어렵게 생각하기 때문에 한없이 어려운 것입니다.

지도무난(至道無難) 유혐간택(唯嫌揀擇)이라는 말처럼 지극한 도는 어려움이 없습니다. 오직 간택하는 것이 허물이 되는 것입니다.

이 말씀은 삼조 승찬스님의 말씀입니다.

의정부 소요산(逍遙山)에 자재암(自在菴)이라는 암자가 있습니다. 지명과 절 이름이 참 잘 어울린다는 생각을 했습니다. 이는 자재하는 사람은 소요(逍遙)할 수가 있고, 집착하는 사람은 소요(逍遙)할 수 없다는 뜻이 아닐까 생각합니다.

집착하지 않는 마음을 발견해야 세상을 한가롭게 소요할 수 있습니다. 저는 절 이름을 음미하면서 '자재스님은 소요할 수가 있고 집착스님은 소요할 수 없다'는 감상을 얻었습니다.

착 없는 마음자리를 보아야 하고, 설령 내 마음에 착이 있더라도 바로 발견해서 착 없는 자리를 회복하면 됩니다. 이것이 쉬운 것임에도 우리가 게으름을 피우기 때문에 어렵습니다. 착안을 못해서 그렇지, 아는 것은 쉽습니다. 착없는 그 자리가 평등심입니다. 우리는 이 평등심으로 일상생활을 해야 합니다.

착 없는 이 자리를 확실하게 깨닫고 그것을 지키는 능력이 생기면 마음속에 도사리고 있는 삼독심을 바로 녹여내고 마군을 물리치는 도원수(都元帥)가 될 수 있습니다. 우리 모두 마군을 물리치는 도원수가 됩시다.

# 6 걸림없다

# 無礙

# 6. 걸림없다 (無礙)

露地安眠意自如(노지안면의자여)하니

不勞鞭策永無拘(블로편책영무구)라

山童穩坐青松下(상동온좌청송하)하야

一曲昇平樂有餘(일곡승평악유여)라

## 걸림 없다

한데 땅에서도 편히 자니 뜻이 절로 한결같고

채찍질하지 않아도 길이 구애가 없어라

산동은 푸른 솔 밑에 편히 앉아

한소리 승평 곡에 여유로움 즐기네.

 단어 · 숙어 해석

**노지(露地)** 들판, 집 등 가림이 없는 맨 땅

**안면(安眼)** 편안한 잠, 잠을 잘 자는 것

**편책(鞭策)** 채찍질

**청송하(靑松下)** 푸른 소나무 밑

**승평악(昇平樂)** 세상이 태평함을 노래하는 것

 註

1. 한데 땅 : 스승이나 동지들이 없는 곳

2. 채찍질 아니 해도 : 특별 정진이나 특별한 결심을 아니 해도
   습관적으로 절로 되는 것

> ## 걸림 없다(無礙)
>
> *序詩*
>
> 있는 힘 다함이여 최후의 일전이었노라
> 적장을 이겼노라 옛터를 회복하였노라
> 여의보검(如意寶劍) 빼어들어 천지에 감사 올리고
> 솟구치는 희비의 눈물로 상처를 어루네
> 아직도 변방에는 잔설(殘雪)이 있나니
> 왕자검 휘둘러 무릉도원 가꾸리
> 한 곡조 승평곡 부르며 즐기나
> 신발 끈을 조이며 먼 먼 길을 떠나네.

그림을 보시죠. 무애의 단계에 이르니 소의 꼬리만 검습니다. 나머지는 전부 하얗습니다. 그리고 소가 목동을 쳐다보고 있습니다. 이 그림은 마음이 자기 마음속의 스승을 쳐다볼 줄 아는 것을 비유한 것입니다.

이때는 큰 시기심, 질투심, 육신으로 인한 강한 욕심, 과거의 큰 악습은 항복 받습니다. 하지만 작은 것은 조금 남아 있습니다. 그러나 큰 문제는 되지 않습니다. 전쟁에 비유하면 상대국의 수도를 점

령한 것과 같습니다. 이는 지방도시 몇 곳은 아직 적지(敵地)이지만 이것이 크게 문제가 안되듯이 마군의 왕을 잡은 것과 마찬가지입니다. 이때 마군이 완전히 없어진 것은 아니지만 이를 휘어잡을 수 있는 힘이 있습니다. 이 단계가 무애(無碍)입니다. 즉 내심(內心)에 있는 탐진치의 삼독심을 조복 받은 것입니다.

무애란 마군이 있기는 있는데 걸림이 없다는 의미입니다. 이전에는 마군에게 내가 끌려 다녔는데, 이제는 마군을 이기기 때문에 걸림이 없는 것입니다. 이때쯤 되면 소에 비유된 마음이 목동(牧童)에 비유한 본래의 자기 마음을 따라 갑니다.

범부중생은 본래의 자기 마음과 약속을 해도 행동으로는 잘 되지 않습니다. 범부중생은 '저 사람에게 불공을 잘 해야지' 하면서도 막상 그 사람을 만나면 좋지 못한 마음이 나와 예기치 못한 행동을 하게 되는 경우가 많습니다.

무애의 공부에 이르면 심력(心力)이 쌓여 자기의 마음을 잘 지킬 수 있습니다. 이때 부터는 다른 사람의 스승이 될 자격도 차차 갖추게 됩니다. 범부중생의 안목에는 외형적으로 항마 여부를 구분하기가 어려우나 스승은 이를 압니다.

무애의 단계는 그동안 욕심이 내 마음의 주장을 해왔다가 법이 마음의 주장이 되는 때입니다.

이때부터는 세속에 살아도 거진출진(居塵出塵)이 됩니다. 이는 티끌 속에 살아도 티끌을 벗어나 있는 마음의 상태를 말합니다. 그리하여 법이 백전백승하게 됩니다. 마군과의 전쟁에서 항상 이기는 승리자가 됩니다. 육신의 감정, 육신으로 인한 생리적인 욕구, 육신으로 인한 안일욕(安逸慾), 시기심, 질투심 등을 이기는 것입니다.

금강경에는 공부의 단계를 네 단계로 분류하였는데 그 첫 단계를 수다원(須陀洹)이라고 합니다. 수다원은 공부를 많이 하여 성인의 부류에 든 것을 말합니다. 그러니 입류(入流)라고 하며 또는 역류(逆流)라고도 합니다. 중생은 욕심 속에서 욕심의 방향으로 흘러갑니다. 그런데 수다원은 욕심의 방향과 반대방향으로 흐른다는 뜻으로 역류라 합니다. 여기서 무애는 역류와 같은 경계입니다.

이때가 되면 견성을 확실히 해서 그 자리 그 이치에 대해서는 토가 떨어집니다. 정확하게 조견(照見)할 줄 압니다. 그 자리에 비추어서 업력과 욕심의 마음을 녹여내고 바르게 실천합니다.

무애가 되면 공부를 제대로 할 줄 압니다. 그리고 다양한 능력이 생깁니다. 이전에는 자기가 가진 보배도 못 썼으나 무애의 경지에 이르면 자신의 능력을 100% 활용할 줄 압니다. 항마를 하면 자기 능력과 자신의 모든 것을 전부 알아서 마음을 적절하게 사용하고 자기관리를 확실히 할 줄 압니다. 이처럼 무애의 단계에 이르면 공부할 줄 아는 요령이 확실하고, 무시선(無時禪)과 불공(佛供)하는 법에 환하고, 생로병사에 해탈을 합니다. 범부 중생에게는 죽는 것이 큰일인데 무애의 단계에 있는 분은 죽는 게 별 것 아닌 것이 됩니다. 이 단계에 이른 사람이 한마음을 거두면 그 자리가 열반자리가 됩니다. 이런 사람은 성리를 많이 단련하며 생사를 문턱 넘나들 듯 할 수 있기 때문입니다. 무애의 단계에 이르면 이와같이 생사에 자유하여 해탈을 얻게 됩니다.

무애에 이른 사람은 범부 중생과는 다른 무엇이 있습니다. 범부 중생과 같이 말을 거칠게 하고 욕을 해도 그 속에는 까닭이 숨어있어 결국에는 상대에게 도움을 줍니다. 그리고 그 분이 그 자리를 떠나고 나면 이야기 거리가 많습니다. 그 분의 흔적이 법 있는 무엇인가가 되고, 세상을 유용하게 만듭니다.

이런 사람이 무애도인(無碍道人), 항마도인(降魔道人)입니다.

> 한데 땅에서 편히 잠드니
>
> 露地安眠意自如(노지안면의자여)하니
> 한데 땅에서도 편히 자니 뜻이 절로 한결같고

'한데 땅'은 법하(法下)를 떠나서도, 즉 멀리 출장을 가거나 스승이 곁에 안 계시고 멀리 계신다 해도 라는 의미가 내포되어 있습니다. 여행을 가면 그곳이 한데 땅이라 할 수 있습니다.

'편히 자니'는 이런 한데 땅에 내놓아도 마음이 항상 편안하고 넉넉하고 걸림이 없다는 뜻입니다. 무애의 경지에 이르면 앞에서 설명한 '한데 땅'에 처해서도 마음이 평소와 같이 편안할 뿐 특별히 나쁜 마음이 나지 않고 평상심을 유지(維持)할 수 있습니다. 이 무애의 단계가 되면 욕심이 나도 슬쩍 문지르면 없어집니다. 교당이 아닌 곳, 또는 역경과 난경을 당해도 항상 마음이 편안합니다. 그래서 이 때 밖의 유혹은 별 문제가 되지 않습니다. 중요한 것은 밖의 유혹이 아니라 내심(內心)의 마군을 항복 받아야 무애(無礙)가 될 수 있다는 것입니다.

불행한 중에도 마음이 편안한 사람에는 두 종류가 있습니다.

먼저 불행한 일을 당해도 편안한 마음을 갖는 사람은 자포자기 하는 경우입니다. 즉 모든 것을 자신의 성격 탓으로 돌리는 사람이 이 경우입니다.

이 경우와는 다르게 법강항마를 한 무애도인은 역경 난경에서도 편안합니다. 이것은 진리를 믿기 때문입니다. '진리가 있어 내가 짓고 받는 것인데, 이 고비만 넘기면 괜찮아' 하면서 마음을 편안 하게 유지하고 경계를 초월합니다.

중생이 안심(安心)하는 것과 무애도인이 안심하는 것과는 질적으 로 다릅니다. 공부 없이 편한 사람은 유혹의 물결이 거세면 곧 무너 지고 말 것입니다.

### 따로 채찍질 하지 않아도

--------------------------------------------------------------

不勞鞭策永無拘(불로편책영무구)라

채찍질 하지 않아도 길이 구애가 없어라.

'채찍질 하지 않아도'는 특별히 강조 주간을 정해놓고 이것 하자 저것 하자 하지 않아도 스스로 편안하게 공부를 해 나갈 수 있다는 뜻입니다. 이는 평상심(平常心)을 알기 때문입니다. 이 경지에 이르 면 본래 평범하고 여유 있는 마음을 알아서 번뇌 망상이 끓더라도 얼른 본래자리로 돌아갈 줄 압니다.

범부중생은 하루 종일 마음을 여기저기에 흩어지게 쓰고 삽니다. 아침에 일어나자마자 세간의 사회와 직장일 등을 구상하고 실천하면서 남에게 욕도 하고 칭찬도 하고 그에 따라 후회를 하기도 합니다. 이렇듯 범부중생은 더러워진 마음을 청소할 틈도 없이 끝없이 생각에 생각을 연속하면서 살아갑니다. 반면 법강항마를 하여 무애의 경지에 이른 사람은 마음을 확실하게 관리할 줄 알기 때문에 흐트러진 마음을 얼른 평상심으로 복귀시킵니다.

그러나 경우에 따라서는 항마하신 분이라도 허덕이는 경우가 있습니다. 그렇더라도 '아! 이거 안 되겠네' 하고 더욱 적공을 해서 평상심으로 돌아옵니다. 평상심은 도심(道心)으로, 육근동작이나 경계를 운전할 줄 아는 것을 말합니다.

이 경지는 큰 능력으로 세상을 바꾸지는 못해도 자신의 마음만은 언제나 편한 자리로 갈 수 있습니다. 무애의 경지에 이른 사람은 누군가 자신을 오해하여 비방하더라도 마음만 먹으면 자기의 마음 문을 열었다 닫았다 하는 마음개폐를 자유로 할 수 있습니다.

이것이 안 되면 한데 땅에 나가 편안할 수가 없습니다. 공부의 경지가 이에 이르지 못한 사람은 아무리 마음의 문을 닫았다 해도 누군가 자존심을 상하게 하면 참기 힘듭니다. 그러나 항마한 사람은 상대가 그럴지라도 마음의 문을 자유로 열고 닫아 편안할 수 있는 것입니다. 따라서 무애(無碍)입니다.

‘채찍질을 하지 않아도 길이 구애가 없다’는 말은 다른 생각을 내지 않고 길이 죄악을 범하지 않는다는 의미입니다.

무애에 이른 사람은 가정사를 처리할 때도 범부와는 다릅니다. 그 사람은 공(公)을 위주로 해서 취사합니다. 왜 그럴까요? 법강항마를 하면 인과를 확실히 압니다. 그래서 공(公)을 위주하는 것이 바로 복전이라는 것을 압니다. 그 사람은 공사(公事)를 자기 일로 아는 것입니다. 법강항마 이전에도 공을 위주로 하는 경우가 있지만 상(相)을 내고 하는 경우가 많습니다. 그러나 무애에 이르면 상 없이 공사를 위주로 합니다. 또한 무애에 이른 사람은 영생을 위주로 하고, 공부를 위주로 합니다.

이때부터는 굉장한 자신감이 생깁니다. 이 경지는 큰 법력을 갖추지 못해서 그렇지, 자기의 권한 안이나 자기의 세계 안에서는 언제든지 둥글고 편안할 수가 있습니다.

山童穩坐靑松下(산동온좌청송하)하야
산동은 푸른 솔 밑에 편히 앉아

이 구절은 관심공부를 하다가 무심공부(無心工夫)로 옮겨 감을 비유한 것입니다. 회수(廻首)나 순복(馴伏)공부를 할 때는 관심공부 (觀心工夫)를 주로 합니다. 이는 아기를 볼 때 방에다 놓아두고 무엇을 하는가만 보다가 그냥 두어서는 안 되겠다 싶을 때 도움을 주는 것에 비유할 수 있습니다. 무심의 단계에서는 자기 자신의 내면 세계인 도심이 주가 되어서, 내버려 두어도 자기 조절이 되는 때입니다.

그림을 보면 회초리를 놓고 악기를 들었습니다. 이 단계가 되면 자기가 자기를 제도하고 마음을 편안하게 북돋워 가면서 법력(法力)을 키워갑니다.

무애의 단계라 할지라도 마음이 혹 죽기도 하고 가라앉기도 하고 수렁에 빠질 수도 있습니다. 그렇지만 그것을 벗어날 수 있는 방법을 알아서 바로 본심을 회복할 수 있습니다.

순복(馴伏)공부를 하는 사람에게는 큰 경계일지라도 무애에 이른 사람은 바로 항마하여 극복합니다. 먹구름이 지나가기를 기다릴 줄도 압니다. 자기의 마음세계를 확실히 알기 때문에 방책이 환합니다.

출가위(出家位) 도인은 마음이 죽는 일이 없습니다. 마음이 항상 생생하게 살아 있습니다. 그러나 항마의 단계에서는 마음이 가끔은 우울할 수도 있습니다. 이럴 때 법마상전에서는 스스로 쉽게 벗어날 능력이 없지만 법강항마에서는 이를 극복할 수 있는 자력이 생겼다는 점이 다릅니다.

> ### 한 소리 승평곡에
> ---
> 一曲昇平樂有餘(일곡승평악유여)라
> 한소리 승평곡에 여유로움 즐기네.

이때부터는 안에서 심락(心樂)이 솟습니다. 법열이 솟습니다. 스스로 교리와 제도의 틀을 짤 수는 없지만 성현의 법문을 들으면 그 법문을 하신 깊은 동기를 속 깊은 동감으로 확실히 이해합니다. 그 전까지는 믿고 따라오는 단계였다면 이때부터는 확실히 이해하는 단계입니다.

이때가 되면 스승과 법과 진리와 회상을 만난 것에 대한 커다란 즐거움이 생깁니다. 따라서 스스로 '너 참 대견하다, 항마했구나' 하며 인증하는 때입니다.

전에도 설명 드렸습니다만 이 때 주의해야 할 것은 항마를 하면서 생기는 병입니다. 이 시기에 잘못하면 남을 깔보는 마음이 생깁니다. 남을 무시하고 깔보는 경향이 생기기 쉽습니다. 이 경계를 겸손한 마음으로 극복하지 못하고 오래가면 상(相)으로 변해서 큰 문제가 될 수 있습니다.

항마를 하면 청병(淸病)에 걸릴 수도 있습니다. '나는 깨끗한데 저 사람은 그렇지 않다' 는 등의 비교를 하면서 생기는 병입니다.

선병(善病)이 생길 수 있습니다. '나는 착한 일만 하는데 저 사람은 그렇지 못하다' 하며 상대를 폄하하기도 하고 소선(小善)에 얽매이기도 합니다.

안일욕(安逸慾)에 걸릴 수도 있습니다. 자기 안에서는 편안하니 더 이상 애쓸 것이 없다는 생각을 하게 됩니다. 그리고 모든 것을 진리에 맡기고 '흥망성쇠(興亡盛衰)를 진리가 다 알아서 해주는데 왜 내가 간섭을 하는가' 하며 안주하게 됩니다. 이때는 자신의 마음을 편안하게 하고 소선(小善)을 즐기고 심락을 즐기는 쪽으로 위주 합니다.

법사(法師)는 법사인데 조롱박 법사라는 말이 있습니다. 항마상에 걸리면 품이 넓고 세상을 크게 제도하는 큰 스승이 아니라 자기에 맞는 사람만 제도하는 조롱박 법사로 머물기 쉽습니다. 이때는 큰 스승을 만나서 항마병을 극복하는 일이 큰일입니다.

하지만 여기까지 올라온 것도 장한 일입니다. 항마까지 올라오면 천인 아수라등 귀신이 먼저 안다고 합니다. 세상에서 지위가 있는 사람은 비서가 있듯이 항마를 한 도인에게는 사람들이 따르며, 혹은 귀신이 비서로 따라다닐 수도 있습니다. 무애의 경지에 이르면 법계에서 먼저 압니다.

앞으로는 대통령도 항마한 사람이라야 될 것입니다. 즉 성자의 시대가 옵니다. 기관장도 항마를 해야 할 수 있을 것입니다. 물욕과 명예욕에 눈먼 사람을 어찌 공사(公事)를 책임지는 지도자로 뽑겠습니까?

앞으로 항마도인이 여기저기서 콩 튀듯이 나와 대통령도 국회의원도 기관장도 되어야 부정부패가 없는 정직한 세상, 평등한 세상이 되고 평화 안락한 세상이 될 것입니다.

# 7

## 한가롭다

# 任運

# 7. 한가롭다(任運)

柳岸春波夕照中(유안춘파석조중)에
淡烟芳草綠茸茸(담연방초녹용용)이라
饑湌渴飮隨時過(기손갈음수시과)하니
石上山童睡正濃(석상산동수정농)이라

## 한가롭다

버들언덕 봄 물결 석양빛 속에

고운 연기 피어나고 송이송이 풀밭이라

배고프면 풀 뜯고 목마르면 물마시어 때에 맡기니

바위 위에 저 산동 졸음이 무르녹아라.

 단어 · 숙어 해석

**유안(柳岸)** 버들 늘어진 언덕

**석조(夕照)** 석양 빛, 낙조

**담연(淡烟)** 엷은 아지랑이, 실안개

**용용(茸茸)** 풀이 무성한 모습

**기손(饑飧)** 배고프면 밥 먹고

**갈음(渴飮)** 목마르면 마시다

**정농(正濃)** 진정 농후하다, 졸음이 짙게 오는 것

## 한가롭다(任運)

*序詩*

보았노라 싸웠노라 이겼노라

채찍질 산과 바다 이뤘네

이겼으되 전리품 전혀 없고

다만 한 조각 여유로움뿐이네

번뇌는 한두 번 오고 가는데

굳이 용천검 쓰지 않아도 늘 푸른 정원이라

마침내 권속 잘 다스려 평화로운데

이웃집 걱정이 절로 남을 어찌하랴.

임운(任運)은 자기의 육근(六根) 동작을 마음대로 한다는 뜻입니다. 자기의 주변 환경도 경우에 따라서, 자기의 의사결정에 따라서 마음대로 운전할 수 있다는 의미입니다.

범부중생은 자기의 마음을 마음대로 하지 못하고 육신이 하자는 대로 따라서 하거나 전생 업력의 노예가 됩니다. 그래서 주권이 자기에게 없고 오히려 육신이나 주변 환경의 노예가 되어 사는 경우가 많습니다.

임운공부를 한 사람은 심중의 탐진치 삼독심을 완전히 제거한 사람입니다. 무애의 단계가 크고 거친 삼독심을 제거했다면 임운은 작은 것에 대한 욕심도 완전히 조복 받은 단계입니다. 이 경지는 자신의 마음을 완전히 자유자재할 뿐만 아니라 주변의 인연마저 자신의 법력에 따라 운전할 수 있습니다. 앞 장에서 설명한 무애가 원불교 법위등급의 예비 항마위라 한다면 임운의 경지는 정식 항마위에 오른 사람입니다.

정식 항마를 한 사람도 마음대조를 하면 혹 부족한 부분이 있을 수 있지만 그것은 바로 보충을 하면 됩니다.


그림을 보면 소는 소대로 놀고 목동은 목동대로 잠이 무르익고 있습니다. 이전 단계에서는 소와 목동이 관심(觀心)의 관계였다면 여기서는 완전히 무심(無心)입니다. 그냥 내버려 두어도 소는 자기가 할 일을 스스로 알아서 합니다. 이제 흑우(黑牛)가 변해서 백우(白牛)가 되었습니다.

백우가 되었다는 것은 법강항마가 되었다는 것입니다. 이는 초성자(初聖者)가 되었다는 것입니다. 새로운 소가 탄생한 것입니다. 흑우가 백우의 기질로 완전히 변화해서 죄를 짓지 않는 소가 되었습니다. 과거 죄를 지으며 윤회하던 소가 죄를 짓지 않는 마음의 소로 바뀐 것입니다. 이것을 자도(自度), 즉 자신이 자기를 스스로 제도했다고 말할 수 있습니다.

　이 경지부터는 중생을 책임질 수 있는 법사(法師)가 된 것입니다. 이는 누가 이 사람에게 재색명리 중 어떤 것을 맡겨도 그 사람한테 손해를 주지 않고 앞길을 지도해 줄 수 있는 스승의 자격을 갖게 됨을 의미합니다. 이 경지에 이르면 어떠한 역경 난경을 지낸다 하더라도 죄를 짓지 않습니다. 죄짓지 않을 자신이 있는 사람은 임운에 이른 사람이라 할 수 있습니다.

　이 경지에 이르면 증애(憎愛), 즉 미워하고 사랑하는 마음에 담박하고, 생사에 해탈하고, 복을 지을 줄도 알고, 진정한 마음공부를 효과적으로 할 줄 아는 철든 사람이 됩니다.

> ### 버들언덕 봄 물결
>
> 柳岸春波夕照中(유안춘파석조중)에
> 淡烟芳草綠茸茸(담연방초녹용용)이라
> 버들언덕 봄 물결 석양빛 속에
> 고운 연기 피어나고 송이송이 풀밭이라.

임운(任運)의 단계가 되면 세상의 여러 가지 순경 난경의 경계를 당해도 자신의 마음이 화평하므로 세상을 바라볼 때도 긍정적으로 바라보게 됩니다. 세상을 구속스럽게 본다거나 짜증스럽게 보지 않습니다. 내가 짜증을 내면 세상이 짜증스럽게 보이고, 나의 마음이 편안하면 세상도 편안하게 볼 수 있습니다. 그러므로 요지경의 세상일지라도 편안한 마음으로, 시적(詩的)인 마음으로 볼 수 있는 여유가 생깁니다.

옛날 어느 절에 스님이 살았는데 도둑이 들었습니다. 도둑이 스님의 목에 칼을 들이대며 '쌀을 내놓아라' 하니, 스님이 도둑에게 하는 말이 '야, 이놈아! 쌀 달라고 하려면 자루를 내놓아야지 칼을 내밀고 쌀을 달라고 하면 어떻게 주느냐?' 하였습니다. 도둑이 그 말을 듣고는 스님에게 잘못을 빌었다고 합니다. 그러자 스님이 쌀을 주면서 '그냥 주면 너의 복이 감해지고 결국 죄를 짓게 될 것이므로 쌀은 모래 줄 테니 절에 와서 일을 해라' 하고 일을 시켰습니다.

참 재미있는 얘기가 아닙니까? 여러분도 그렇게 할 수 있겠습니까?

스님의 마음에 한량없는 여유가 있으므로 '자루 내밀고 쌀 달라고 해라'고 할 수 있는 것입니다. 마음에 한량없는 여유가 있기 때문에 도둑을 보고도 웃을 수 있는 것입니다.

임운의 단계가 되면 이처럼 삶이 한가롭고 여유가 있습니다.

그리하여 경계를 당해도 그 경계를 마음대로 운전할 수가 있는 것입니다.

어려운 일이 닥치더라도 '내가 손해를 좀 보지, 못 먹어도 괜찮아. 가난하면 가난한대로 부자면 부자대로 살지' 하며 자기 자신의 현재 운명을 사랑할 줄 알아서 항상 마음을 편안하게 가질 수 있습니다. 때로는 조금 흔들리고 경우에 따라 미운 마음이 생기지만 한 마음을 바꾸면 금방 괜찮아집니다. 바로 무(無)자리가 회복됩니다.

## 배고프면 풀 뜯고

饑飡渴飮隨時過(기손갈음수시과)하니
배고프면 풀 뜯고 목마르면 물 마시어 때에 맡기니

이때는 형편대로 삽니다. 마음을 마음대로 할 수가 있어 여건에 맞추어 살고, 늘 감사한 마음으로 삽니다.

억지로 무엇을 하려고 하지 않고 어려움이 생기면 내가 전생에 지어서 받는 것 아닌가 하며 달게 받으려 합니다. 가난하면 가난한 대로 살고, 없으면 없는 대로 살고, 명예가 있으면 명예가 있는 대로 삽니다. 이때는 밖의 환경에 구애받지 않고 살 자신이 생깁니다.

고양이를 키워보셨는지요? 고양이는 먹을 것에 따라서 고개가 왔다 갔다 합니다. 범부중생도 이와 같이 밖의 환경에 따라 마음이 즐거웠다 괴로웠다 합니다.

항마 한 사람은 밖의 것과는 관계없이 삽니다. 스스로 문을 닫아 버리면 그만입니다. 그래서 늘 편안할 수가 있는 것입니다.

이 경지가 되면 참기 어려운 경계가 와도 '전생에 지은 것이니까 받고, 인연 때문에 받는 것이지. 내가 어쩌랴' 하고 마음이 편안한 가운데 생활합니다. 항마를 하기 전에는 이 경계를 참고 스스로 안심하다보면 속에서 단내가 난다고 설명드린 바 있습니다. 항마를 하면 조금 불편하더라도 금방 무심(無心)에 들므로 속에서 단내가 날 수 없습니다. 이때는 늘 여유가 있고 한가롭게 살기 때문에 자기의 분수대로 편안한 삶을 삽니다.

항마를 했다 하더라도 잔잔한 마군이 속에 남아 있지만 그것이 문제가 되지는 않습니다. 마음주인의 말을 잘 듣기 때문입니다.

여러분의 마음도 주인 말을 안 들으면 마군이 성한 때이고, 스스로 하고 싶은 대로 부릴 줄 알면 그때는 항마가 된 때입니다.

> ### 저 산동 졸음이 무르녹아라
>
> 石上山童睡正濃(석상산동수정농)이라
> 바위 위에 저 산동 졸음이 무르녹아라.

임운의 단계에서 목동은 마음을 챙기지 않아도 되므로 무심합니다. 그러나 무심하다 해도 그냥 있는 것이 아닙니다. 무심한 가운데 늘 마음대조를 하면서 부지런하게 마음공부를 합니다.

편안한 가운데 공부를 한다는 뜻이지 공부를 안한다는 말은 아닙니다. 무심은 낮잠 자는 것이 아닙니다. 여러분은 이것을 잘 알아야 합니다. 공부를 해도 애써서 하는 사람이 있는가 하면 애쓰지 않고도 공부가 저절로 되는 사람이 있습니다.

이렇듯 편안한 가운데 마음공부 하는 것을 보고 '바위 위에 저 산

동 졸음이 무르녹아라' 라고 표현했습니다. 즉 편안한 마음으로 한
없는 여유를 가지고 즐거움이 솟는 가운데 마음공부를 한다는 뜻입
니다.

이것을 대안(大安)이라 합니다. 마음이 크게 편안하다는 뜻이지
요. 마음이 편안하면 즐거운 마음이 솟기 마련입니다. 그러므로 항
마를 한지 오래된 사람은 얼굴이 비범합니다. 얼굴이 편안해 보이
고, 태평해 보입니다. 이러한 분들은 속에서 늘 즐거운 마음이 솟아
선락(禪樂)을 누리기 때문입니다.

임운의 경지에 이른 사람, 즉 항마한 사람은 성리(性理)로 삽니
다. 어떻게 사는 것이 성리로 사는 것이겠습니까?

성리로 사는 사람은 경계를 당해서도 한 마음 거두어 텅 빈 마음
을 늘 회복하고, 범부의 입장에서는 도저히 해결의 길이 보이지 않
는 경계에서도 해탈을 합니다. 거기에서 벗어나 버립니다. 현상을
벗어나 버립니다.

수도인들의 무기는 바로 사치법(捨置法)입니다. 이것은 내버려
둬야할 때 내버려둘 줄 안다는 것입니다. 또 그칠 자리에 그칠 줄
안다는 것입니다. 그러나 중생들은 이렇게 하지 못합니다. 종기가
나서 아직 덜 곪았을 때는 내버려두어야 합니다. 그 때 종기를 건
드리면 상처가 더 커집니다.

자신의 주변 환경에 대해서도 마찬가지입니다. 항마한 사람은 하고 또 하다가 안되면 그냥 내버려 둘 줄 압니다. 항마한 사람은 성리로 세상을 살기 때문에 이와 같은 일이 가능합니다. 견성을 하지 못하고 인과를 모르면 이렇게 되지 않습니다. 항마한 사람은 성리로 단련되어 어디에도 걸림이 없고 그것을 마음대로 운전할 수가 있는 것입니다.

임운의 단계가 되면 큰 인과에는 환합니다. 극히 세밀한 인과에는 아직 토가 안 떨어졌지만 대체로 인과를 환히 알고 미리 대처합니다. 그리하여 지금 내가 이 일을 저지르면 다음에 어떤 번뇌가 올 것인지 미리 압니다. 일의 기틀을 보아서 번뇌가 많을 것인지 적을 것인지 정확하게 미리 압니다. 그래서 일을 시작하기 전에 문제가 많고 손해가 많을 줄을 알아, 덮어놓을 줄도 아는 슬기를 발휘합니다.

뿐만 아니라 임운공부를 하는 사람은 세상의 흥망성쇠에 대해서도 그 이치를 압니다. 보통 사람은 안되는 일을 억지로 하는데 항마를 하면 그렇게 하지 않습니다.

공자께서는 '40살에 불혹(不惑)하고 50살에 지천명(知天命)한다' 고 했습니다. 불혹은 큰 번뇌 망상에 흔들리지 않는다는 말입니다. 즉 초벌 항마가 된 것입니다. 오랫동안 공부를 하면 자기 팔자를 알게 됩니다. 이것이 지천명입니다. 지천명이 되면 자기 팔자에 대해 편안해집니다. 포기해서 편안해지는 것이 아니라 인과의 이치를 알아서 전생(前生) 차생(此生)을 알기 때문에 진리에 입각해서 편안해진 것입니다.

범부중생들이 세상만사를 보며 ‘누가 잘못해서 그랬느니’ 하며 시끄러울 때도 이 경지에 이르면 ‘진리가 다 알아서 하는 것이지’ 하고 세상을 진리적 안목으로 바라보는 여유가 생기게 됩니다.

이 분들은 금생에는 죄될 일을 절대로 하지 않습니다. 불에 벌겋게 달궈진 연탄집게를 잡으라고 하면 갓난아기가 아닌 다음에야 잡을 사람이 아무도 없을 것입니다. 항마도인도 죄 지을 일 앞에서는 이와 같습니다. 항마를 못한 사람이 진리에 능하지 못하여 죄를 짓는 것입니다.

임운공부를 한 사람도 ‘금생에는 죄 짓지 않을 것’을 보장할 수 있지만, 다음 생은 보장하지 못합니다. 항마도인이라도 몸 바꾸고 난 다음의 생까지 이어갈 수 있는 법력은 아직 모자라기 때문입니다.

하지만 항마도인은 다음 생에 결정보(決定報)를 받을 수 있습니다. 예를 들어 ‘다음 생에 내가 수도를 잘 해서 반드시 전무출신을 해야겠다’ 하고 마음을 먹으면 서원대로 할 수 있는 능력이 있습니다. ‘다음 생에 정치를 잘하는 정치가가 되어야겠다’ 하면 할 수 있고, ‘학문을 잘 해야겠다’ 하는 등의 한두 가지에 대한 결정을 하고 원력(願力)을 세우면 다음 생에 그 방향으로 나갈 수 있습니다.

앞에서 설명드린 바와 같이 항마를 하면 몇 가지 병이 따라 옵니다. 이것이 큰 병은 아니나 잘못하면 큰 병이 될 수도 있습니다.

이때에는 승속(僧俗), 성속(聖俗)을 구분하게 됩니다. 즉 성스러운 것과 나쁜 것을 구분하여 '저 사람은 욕심쟁이이고, 나는 깨끗한 사람이다' 혹은 '세상은 오탁(汚濁)하고, 교단은 깨끗하다' 하는 등 성속을 구분하여 이분법적인 흑백논리를 가질 수 있음에 주의하여야 합니다.

다 그런 것은 아니나 항마를 한 자신은 깨끗하다는 생각에 깨끗한 것과 더러운 것을 구분하고 더러운 것을 용납 못하는 속성을 가질 수 있기 때문입니다.


또 위험한 것은 한쪽 방향으로만 많은 능력이 생길 수가 있고, 한쪽으로만 밝아질 수 있다는 것입니다. 이때는 영감(靈感)이 밝아져 사람의 거래를 환히 아는 등 한쪽으로만 밝아질 수가 있습니다.

한쪽으로만 밝아지면 어두워지는 쪽이 있기 마련입니다. 그래서 잘못하면 조각 도인이 될 수 있습니다. 절에 가면 나한전(羅漢殿)이 있습니다. 오백 나한, 천 나한들이 모여 있는데 그 나한이 누구일까요?

똑같이 공부를 해서 항마도인이 되어도 한쪽으로만 능력을 길러서 한쪽으로만 밝아지면 나한이 됩니다. 신통묘술을 잘 한다든지 경전해석만 열심히 한다든지 해서 한쪽으로만 능력을 기르면 원만한 도인이 될 수 없습니다. 그러므로 이때에는 한쪽으로만 밝아질 수 있음에 유의해야 합니다.

그리고 지병(知病), 선병(善病), 청병(淸病)에 걸릴 수 있다고 합니다. 계속해서 그렇게 되면 영생토록 항마에만 머무를 수가 있습니다. 조롱박처럼 될 수 있는 것입니다.

안일(安逸)에 빠질 수도 있습니다. 늘 마음이 편안하기에 그럴 수 있습니다. '괜히 나서서 되지도 않을 일, 서두를 것 없으니 내 속만 편안하자' 하고 중생제도 하는데 노력하지 않고 자기 속 살림만 챙기게 됩니다. 일을 하려면 때로는 속상한 일도 있을 수 있음에도 이것을 귀찮게 생각합니다. 그래서 해야 할 일을 안하고 안일에 빠지게 되는 것입니다.

이상의 몇 가지는 항마의 단계에서 특히 주의해야 합니다.


계문 중에 범하면 즉시 죄가 되는 계문이 있습니다. 사람을 죽였다 하면 바로 죄받는 범계가 됩니다. 그러나 술 한 잔 마셨다 해서 바로 죄가 되는 것은 아닙니다. 술은 죄를 유발할 수 있는 것이기 때문에 '덜 마셔라, 마시지 마라' 하는 것입니다.

계문을 가지고 공부를 계속하여 항마를 하게 되면 계문을 범하지 않고 자기 마음대로 부려 쓸 수 있는 능력이 생깁니다. 임운(任運)의 경지에 이른 도인이 담배 한 대 피우고 술 한 잔 마신다고 해서 죄가 되지는 않습니다.

계문에 걸림이 없기 때문에 자기 나름대로 심계(心戒), 즉 마음의 계문을 정합니다. 항마도인은 심계를 어떻게 정할까요?

임운공부를 하는 사람은 음심(淫心)이 솟구치면 '전생에 그런 짓을 많이 했는가 보다' 하고, 다음 생에도 그럴 수가 있으니 '이 마음을 근본적으로 맑혀야 되겠구나' 합니다. 그래서 그 마음에 관계되는 것을 주로 심계로 정해서 지킵니다.

전생에 지체가 높았던 사람이라면 자존심이 강할 수 있습니다. 그래서 남 앞에 나서기 좋아하고 몰라주면 섭섭한 감정이 생기는 등 아만심이 많을 수 있습니다. 그러면 '이 마음 가지고는 안되겠구나' 하고 그것을 심계로 삼아 겸손한 마음으로 돌리기에 노력하게 됩니다.

또 어떤 항마도인은 스승을 존경하지 않으면 항마가 되지 못함을 알고 특별히 스승에 대한 존경을 심계(心戒)로 정하기도 합니다.

이와 같이 전생, 차생의 습관이나 미래를 놓고 '나는 이 방향으로 가야겠다' 하고 심계를 정해놓고 하는 경우도 있습니다. 이와 같이 임운 공부하는 도인은 계문에 아무런 걸림이 없다하더라도 반드시 심계(心戒)가 있어야 합니다.

또 항마한 사람에게는 불문율(不文律)의 계율이 있는데 그것은 법통(法統), 종통(宗統)에 합력하는 마음입니다.

항마를 잘못하면 내 편 네 편으로 편을 가를 수 있습니다. 청병(淸病) 때문에 그렇습니다. 종교전쟁의 명분으로 정의(正義)를 내세웁니다. 이처럼 정의 명분을 내세워도 한쪽은 흑우(黑牛)의 무리일 수 있습니다. 임운의 단계에 있는 사람은 특별히 이 점에 유의해야 합니다.

　그리고 항마도인이 되면 중생제도하는데 반드시 열을 올려야 합니다. 이것을 심계로 삼아야 합니다.

　말은 쉽습니다만 항마도인 되는 것도 무서운 것입니다. 항마를 하면 천인(天人), 아수라(阿修羅)가 먼저 알고 '아! 저분은 무서운 분이다' 하고 옹호를 해주고, 그 분이 무엇을 한다고 기도를 하면 천인 아수라가 먼저 알고 '저 분이 애쓰니까 거들어 드려야겠다'며 도와준다고 합니다. 이와 같이 항마를 하면 본인도 모르게 천인 아수라가 먼저 알고 예배를 하고 도와준다고 합니다.

　항마 도인에게는 대단한 능력이 있어서 마음을 먹고 공을 들이면 안될 일도 해냅니다. 또한 이 사람이 섭섭한 마을을 내서 오랫동안 그 마음을 먹으면 상대가 벌을 받을 수도 있습니다. 그러므로 항마 도인은 이런 마음을 쉽게 내지 않아야 합니다. 멋모르는 사람이 주먹질을 쉽게 하지, 무술 고단자는 오히려 주먹질을 함부로 하지 않습니다.

　법계(法界)를 신계(神界)라고 생각하면 됩니다. 귀신 중에서 고급 귀신을 신계라고 합니다. 저급 귀신도 있고, 중간 쯤 되는 귀신도 있습니다.

　그 중에 아귀와 수라라는 귀신이 있습니다. 이보다 더 높은 귀신의 세계를 육도 가운데 천상세계(天上世界)라 합니다. 이 천상세계를 신계(神界), 영계(靈界)라고도 합니다. 항마를 하면 이곳에서 먼저 알아본다고 합니다. 그리하여 항마한 사람을 특별관리해 준다고 합니다.

　정권을 잡게 되면 핵심인사들이 '저 사람, 우리 편이다. 한자리 주자' 하면 권리를 줄 수 있듯이 이 우주에도 큰 신계, 영계가 있어서 세상을 운전합니다. 그 곳에서는 항마한 사람을 미리 알고 그 하는 일을 도와주고, 장애물이 있으면 치워주기도 하고, 앞길을 열어 주기도 합니다.

　항마도인은 마음을 내고들일 때, '나의 이 마음이 어떤 결과를 가져올 것인가'를 늘 생각하고 마음을 내고 들입니다.

# 8

## 서로 잇다

# 相忘

# 8. 서로 잊다 (相忘)

白牛常在白雲中(백우상재백운중)하니

人自無心牛亦同(인자무심우역동)이라

月透白雲雲影白(월투백운운영백)하니

白雲明月任西東(백운명월임서동)이라

## 서로 잊다

흰 소는 언제나 하얀 구름 속에서 사나니

사람도 무심이요 마음 소 또한 마음이 없네

달이 흰구름에 드니 구름 자취 밝아지나니

흰구름 밝은 달 동서로 자유롭게 오고가네

 단어 · 숙어 해석

**1. 흰소** : 욕심 객기가 완전히 가신 마음

**2. 흰구름** : 욕심의 흑운은 가셨으나 죄될 것이 없는

미세유주(微細流住)의 번뇌가 있는 것,

가벼운 상(相), 고운 마음이 흐르는 것

## 서로 잊다 (相忘)

*序詩*

흰소 속살까지 맑아 졌으니
여기에 법력(法力)마저 가득 채웠네
길들이는 용마(龍馬) 한번 뛰어 하늘에 오르니
흰구름을 허리에 찼노매라
하늘 사람 하늘 소 불지촌(佛地村)에 이적(移籍)하고
이제는 서로가 바라만 볼 뿐
일없는 일 중에 소와 사람 하나가 되는 일이라
중생을 위한 걱정으로 자기 일은 없어졌다네.

상망(相忘)은 상(相)을 놓아버렸다. 상이 없어졌다는 뜻입니다.

그림을 보면 소가 구름 위에 있습니다. 임운(任運)의 단계에서는 땅 위에서 많은 생활을 했습니다. 그런데 상망(相忘)의 단계는 하늘로 올라 왔습니다. 화성이나 달나라를 가고자 하면 대기권을 뚫고 가야 합니다. 임운공부를 대기권 안에서의 자유로움이라 한다면, 상망공부를 하는 사람은 자유의 범주를 대기권 밖에까지 넓혔다고 할 수 있습니다. 즉 하늘 사람이 되었다고 할 수 있습니다.

임운(任運)은 흑우(黑牛)가 변해서 백우(白牛)가 된 것입니다.

백우가 되면 무슨 공부를 할까요? 상(相) 없애는 공부를 주로 합니다. 그 동안에는 깨끗해지는 공부를 위주로 하여 결국 백우가 되었습니다. 이제 부터는 백우라는 그림자를 없애는 공부를 해야 하므로 상망공부(相忘工夫)라고 합니다.

상망(相忘)을 금강경에 비유하자면 아나함(阿那含) 정도의 단계라 할 수 있습니다. 이를 불래(不來)라고도 합니다. 이 말의 의미는 세속적인 오욕, 삼독심(三毒心)이 다시는 나오지 않는다는 것입니다. 원불교에서는 출가위(出家位) 공부 단계입니다.

이때는 자타의 국한이 없습니다. 너와 나의 국한이 없고 남녀상이 떨어집니다. 범부중생은 '남자다' 하는 상이 있고, '여자다' 하는 상이 있습니다. 항마를 해도 이러한 구분을 합니다. 상망공부를 하는 분들은 자타의 국한이 없습니다.

상망의 경지는 천지를 내 집 삼고, 사생을 내 권속 삼는 자타의 국한이 없는 경지입니다.

상망공부를 하면 영생을 보장합니다. 항마는 금생(今生)만 보장할 수 있지만 상망의 단계, 즉 출가위(出家位)에 이른 분은 다음생, 그 다음 생도 보장 할 수 있습니다. 이 사람은 영생을 타락하지 않는 불퇴전(不退轉)의 공부를 하는 자입니다. 그리고 이 단계가 되면 모든 종교의 교리에 정통할 수 있습니다.

출가(出家)란 문자 그대로 '집을 나왔다'는 의미입니다. 항마는 청정하고 깨끗한 '자기 집'이 있는데 출가는 그런 깨끗한 자기 집마저 벗어났습니다. 즉 자기의 기국(器局)을 벗어났기 때문에 출가라 합니다.

공자께서는 이 자리를 이순(耳順)이라 했습니다. 이는 귀에 순하다는 말입니다. 이 경지가 되면 누가 나한테 욕을 해도 편안하게 들을 수 있습니다. 우스갯소리로 처녀가 아이 낳았다고 해도 '무슨 이유가 있겠지' '그럴 수가 있겠지' 하며 다 이해하고 자기 일로 여길 줄 압니다.

임운(任運)단계에서는 한계를 설정하여 저쪽 줄에 앉은 사람은 '내 책임이 아니야' 라고 할 수 있습니다. 예를 들어 다른 종교를 믿는 사람들은 내 책임이 아니라고 할 수 있습니다. 그러나 상망공부를 하는 사람은 모두를 내 권속으로 삼습니다. 아직 완전하게 상대의 문제를 해결해 주지는 못하지만 마음속에 버리는 마음이 없습니다. 이것을 불기심(不棄心)이라 합니다.

백이·숙제는 온당치 못한 자가 임금노릇을 하는 것을 보고 '내가 이 나라 임금의 녹은 안 먹어야겠다' 하고 수양산에 들어가 산열매를 따먹으며 청정하게 살았습니다. 백이·숙제는 아마 항마를 한 분이 아닌가 합니다.

그러나 이윤이라는 사람은 '좋은 임금도 내 임금이고, 못난 임금도 내 임금이라, 어느 백성은 내 백성이 아니랴. 모든 백성이 나의 백성이다' 라고 했습니다. 이것이 출가위 심법, 주인의 심법입니다.

　조선 초 두문동에 고려충신 72현이 모여 살면서 ‘이성계 녹을 안 먹겠다’ 하고 깨끗하게 살았습니다. 그러나 황희 정승은 ‘고려 임금만 내 임금이고 고려 백성만 내 백성이냐’ 하며 조선 건국 후에도 충신노릇을 했습니다.

　후래 사람들은 황희정승을 출중한 분이라 칭합니다.

　출중은 ‘보통의 모든 것을 넘어섰다’ 는 뜻입니다. 그렇기 때문에 훌륭한 것입니다. 황희정승이 바로 출가위 심법을 가진 분이 아닌가 합니다. 출가란 내 집 네 집, 내 편 네 편, 성과 속을 넘어섰다는 뜻입니다.

　출가위에 오른 사람은 뭔가 다르게 보입니다. 이 경지에 이른 분을 상대할 때 멀리 있으면 보고 싶고, 가까이 있어도 싫지가 않습니다.

　항마도인은 가까운데서 보면 괴팍한 면이 있을 수 있습니다. 간혹 고집이 세고, 용납을 잘 못하는 면이 있어 모시려면 갑갑할 때도 있습니다. 무슨 원칙이 있으면 꼭 그렇게만 하려고 하지, 돌아가려 하지 않는 경우가 많습니다.

　출가위 도인은 재미도 있고 인간다운 면도 있습니다. 이러한 면이 출가위의 매력으로 보입니다. 어떤 경우에는 도인 같기도 하고, 어떤 때는 세속 사람 같기도 해서 중생들과 외형상 가깝습니다.

　출가위의 경지에 이른 사람은 잘 드러나기도 하지만 스스로 자취를 감추면 항마한 사람도 알아보기 힘듭니다.

　항마한 사람은 자기보다 높은 경지에 이른 사람을 알아볼 수 있습니다. 정식법강항마를 했다면 바로 윗급인 출가위를 알아봅니다. 왜 알아볼 수 있을까요? 자기가 출가를 하기 위해서 표준을 세우고 거기로 가고 있기 때문입니다. 자기의 표준을 놓고 보니까 '아 저분이 그렇구나' 하고 알아볼 수밖에 없습니다. 하지만 이것도 출가도인이 자취를 감추지 않을 때 가능한 일입니다.

항마도인은 이렇듯 감추지 않은 출가위는 알아보나 같은 출가위라도 마음을 감춰버리면 언행이 때로는 서툴게 보이기도 합니다. 그래서 항마한 사람일지라도 그 사람을 알아볼 수 없는 것입니다.

항마위는 서툰 짓을 못합니다. 시켜도 못합니다. '도둑질 한번 해봐라' 하면 절대로 안하려고 합니다. 출가위는 때에 따라서, 예를 들어 독립운동하는데 필요하면 도둑질을 할 수도 있습니다. 출가도인은 이와 같이 큰 옳음을 주로 하고 국량이 커서 조금 엉뚱한 데가 있어 알아보기가 어려운 때가 있습니다.

이것은 공부가 출중해서 그렇습니다. 항마가 정(正), 즉 바른 것에 표준을 두고 산다면, 출가는 옳고 진지하지만 거기에 국량을 하해와 같이 넓혀서 사는 즉, 크게 진실한 분입니다. 출가도인은 대진인(大眞人)입니다. 그리고 출가위의 마음은 순자비심(純慈悲心), 순공심(純公心)입니다.

출가위의 경지를 목우십도송에서 상망이라 한 것입니다.

> 흰 소는 언제나 구름 속에
>
> 白牛常在白雲中(백 우 상 재 백 운 중)하니
> 흰 소는 언제나 하얀 구름 속에서 사나니

이 구절에서는 흰 소는 그림자마저 지워 가는 과정에 있습니다. 즉 흰소가 상(相)을 지워 가는 과정에 있습니다. 그 동안 검은소가 변해서 완전히 흰소가 되었는데 그 희다는 상마저 놓으려는 공부를 하는 것입니다.

이 경지에서 공부를 하다 보면 미세유주(微細流住)라는 번뇌가 있습니다. 흰구름 같은, 번뇌 같지 않은 번뇌가 있습니다.

하얀 구름이 끼면 햇빛이 나옵니다. 먹구름이 끼면 햇빛마저 차단됩니다.

범부중생은 먹구름이 낀 것과 같아서 본성(本性)과 남남입니다. 상망공부를 하는 사람은 먹구름을 완전히 없앴으나 가끔 듬성듬성 하얀 구름이 떠다닙니다. 이것을 미세유주라고 합니다. 그림에서는 작은 번뇌, 번뇌 같지 않은 번뇌, 이 미세유주를 흰구름에 비유한 것입니다. 항상 본성속에서 살지만 가끔 방치할 경우 흰구름이 듬성듬성 왔다 갔다 합니다.

우리가 옷을 입을 때 고운 때가 살짝 묻은 것이 좋습니다.

옷 광고 중에 '1년 입어도 10년 된 듯 한 옷, 10년 입어도 1년 된 듯 한 옷'이라는 문구가 있습니다. 새 옷을 빨아서 살짝 고운 때가 묻어야 옷이 몸에도 맞고 좋은 것입니다.

하지만 고운 때도 때입니다. 미세유주라는 고운 때가 상망공부하는 사람에게 혹 나오기도 합니다. 이 사람은 하늘에서 노닐고 성리에 기초해서 살지만 이런 미세유주에서 완전히 벗어나지는 못했습니다. 그러나 이것이 그 사람의 앞길을 막지는 못합니다. 그렇다고 미세유주를 방치해서는 안 됩니다. 결국은 이 미세유주마저 없애야 합니다.

상망공부를 하는 사람은 미세유주가 듬성듬성 떠가는 고운 때 속에서 살기 때문에 낭만적으로 보일 때가 있습니다.

> ### 사람도 소도 무심(無心)이라
>
> 人自無心牛亦同(인자무심우역동)이라
> 사람도 무심이요 마음 소 또한 마음이 없네.

이 구절은 자타의 국한이 없고 상대심이 없다는 뜻입니다.

상대심이 없으면 생각을 많이 줄일 수 있습니다. 보통 사람들은 상대를 하나씩 가지고 삽니다. 상대 없는 범부중생은 없습니다.

그러나 상망공부를 하는 도인에게 상대는 상대가 아닙니다. 그래서 마음이 늘 편안합니다. 항마만 해도 불필요한 일이 없습니다. 항마하고 출가하면 상(相)이 없으므로 일이 더 없어지게 됩니다.

곰곰이 살펴보면 우리는 쓸데없는 일에 마음을 쓰고, 쓸데없는 일에 화를 내는 경우가 많습니다. 별거 아닌 일에 불필요한 언행을 하고 난 뒤 후회합니다. 출가 도인은 더 이상 상대가 없으므로 무심하고 편안할 수 있는 것입니다.

상망의 단계는 흔적 없이 무위자연으로 살기에 사람도 무심이요 마음 소 또한 마음이 없습니다.


임운공부의 단계까지는 공부하는 방법이 단조롭습니다. 이 사람이 좌선하는 방법은 마음을 챙기고 그런 후 온전한 생각으로 채우는데 주안점을 둡니다. 아직 다양한 수양법, 다양한 연구법, 다양한 복 짓는 방법을 알지 못하기 때문에 단조롭다고 하는 것입니다.

이에 반해 상망공부를 하는 출가위 도인은 언제든지 공부거리가 생기고, 언제든지 복을 지을 수가 있습니다. 출가위 도인은 다양하게 공부하는 능력이 있고, 다양하게 중생을 제도할 능력이 있고, 다양하게 복 지을 수 있는 방법을 개발하고 실천합니다. 상망(相忘)의 경지에 이르면 져도 진 것 같지 않습니다. 지면서 이기는 방법을 알아냅니다.

환히 밝은 달이 늘 떠있어 미세유주라는 번뇌망상마저도 이에 녹아나 더욱 투명해진다는 의미입니다.

공부를 열심히 해서 상망의 경지에 이른 사람은 언제 어느 곳에서나 자성혜월(自性慧月)이 솟아납니다. 그림과 구절에서의 밝은 달은 바로 이 본성(本性)의 지혜광명(智慧光明)을 말합니다. 자신의 내부에 미세유주라는 가벼운 번뇌망상이 돌아다니면 이 자성혜월로 녹여냅니다.

가마솥의 펄펄 끓는 물속에 얼음 몇 조각을 넣는다고 해서 그 물이 식지 않습니다. 석공(石工)이 처음에는 돌을 거친 망치로 다듬고 계속 갈고 또 갈면 돌에서 빛이 납니다. 검은 소가 되어버린 마음을 다듬고 갈고 하기를 수만 번, 수억만 번 하면 결국에는 마음에서 광명이 솟아납니다. 이 광명은 누구도 막을 수 없습니다. 그런데 미세유주(微細流住)가 실과 꽃구름 같이 지나갑니다. 이 때 자성광명으로 비추기만 하면 바로 없어지는 것입니다.

한번 상상해 보십시오. 구름 한 점 없는 가을밤에 하늘 중심에 둥

근달이 덩실 떠있다면 얼마나 밝겠습니까? 그 때 실오라기 같은 구름이 지나간다 하여도 곧바로 없어지는 것입니다. 어떤 의미로는 흰구름이 오히려 운치있게 느껴질 수도 있지만 역시 고운 때도 때인 것이 틀림없으니 없애야 하는 것입니다.

상망의 경지에 이르면 자신의 문제를 밝게 해결할 뿐만 아니라 주변의 어려운 문제도 도심(道心)으로 전환할 법력(法力)을 갖추게 됩니다. 상망공부를 하는 도인(道人)은 주변 환경을 자신의 원력과 법력으로 달라지게 하는 능력이 있는 것입니다. 마치 노래 잘하는 사람이 있으면 그 집안이나 주변 사람도 노래를 잘하게 되는 것과 같습니다. 하나의 등불이 수억만 촉의 밝음을 갖추었다면 그 등불의 주변은 밝아질 것이 당연한 일이지요. 그렇기 때문에 한 성자가 나타나면 세상이 밝아지고 세상의 갖가지 문제들을 해결할 방책이 그곳으로부터 흘러나오게 됩니다.

> ### 흰구름 밝은 달
>
> 白雲明月任西東(백운명월임서동)이라
> 흰구름 밝은 달 동서로 자유롭게 오고 가네

이 구절은 동서로 인연 따라 일 따라 자유롭게 거래를 한다는 뜻입니다.

공부인이 상망의 경지에 이르면 자비심이 늘 용솟음치고 덕이 한량없게 됩니다. 이 경지에 이르면 원수를 사랑할 줄 압니다. 무도(無道)한 것을 용서하고 사랑할 줄 압니다.

임운을 하는 즉시 상망으로 올라가는 근기가 있는가 하면 또 임운에서 애를 써야 상망이 되기도 합니다. 법문에는 일단 상망이 되어 늙으면 여래가 된다고 하셨습니다.

대산종사님 시문(詩文)에 일여선가(一如船歌)라는 글귀가 있습니다. 일여(一如)해야 청정해서 항상 마음이 한결같이 됩니다. 범부중생은 가면 가서 슬프고, 오면 와서 기분 나쁜 경우가 많습니다.

불보살들은 가면 '잘 가라'고 하고, 오면 '어서 오라'고 합니다. 범부중생의 안목으로는 그 국한 없는 살림살이를 들여다 볼 수 없습니다. 그 분들은 무엇으로 살림을 하는지, 무엇이 기쁘고 무엇이 슬픈지를 잘 알 수 없습니다.

여래(如來), 여거(如去), 가도 그 자리이고, 와도 그 자리인 마음이 있습니다. 이러한 마음을 우리는 꾸어서라도 보아야 합니다. 이것이 부처님 살림의 기본입니다. 불보살은 이것으로 인해 진급이 될 수 있고, 이것으로 인해 고뇌를 넘어설 수 있고, 이것으로 인해 큰 국량이 될 수 있습니다.

대종사님은 도산(道山) 이동안이라는 제자가 돌아가심에 퍽 슬퍼하는 모습을 보이셨습니다. 이에 제자들이 '너무 슬퍼 마십시오'

하셨다 합니다. 하지만 성현은 그 슬픔을 조절할 수 있습니다. 범부 중생은 슬픈 일을 당하면 어쩔 줄 몰라 합니다. 슬픔의 온도 조절을 스스로 하지 못하지요.

공자께서도 안연이라는 제자가 죽자 애지통지 하셨습니다. 너무 슬퍼하심에 제자들이 너무 상심 마시라고 하자 '안연이가 죽었는데 내가 이만큼 안 할 수가 있겠느냐'고 했다 합니다.

불보살 성현은 여여한 바탕에서 슬픈 마음을 내고 즐거운 마음을 내는데, 이것은 능심(能心)이라고 할 수가 있습니다. 그리고 사용했던 희비의 경계가 지나면 또 여여한 마음이 나오게 합니다. 우리도 여여한 그 자리를 항상 챙겨야 합니다.


법당에 모셔진 일원상이 내 마음의 중심에 탁 자리해서 경계 따라 챙기면 여여한 마음이 나타납니다. 살면서 좀 복잡한 일이 있더라도 싹 거두어들이고 여여한 일원상 자리가 얼굴에 나타나도록 할 줄 알아야 합니다.

# 9

홀로 비치다

## 獨照

## 9. 홀로 비치다(獨照)

牛兒無處牧童閑(우아무처목동한)하니
一片孤雲碧嶂間(일편고운벽장간)이라
拍手高歌明月下(박수고가명월하)하니
歸來猶有一重關(귀래유유일중관)이라

**홀로 바치다**

소 간곳없어 목동 또한 한가롭나니
푸른 산봉우리 사이에는 한 조각 외로운 구름
밝은 달 아래 손뼉치고 노래하니
고향 길엔 아직도 한 관문 남았어라

단어 · 숙어 해석

**벽장간(碧嶂間)** 푸른 산봉우리 사이

**박수고가(拍手高歌)** 손뼉 치며 노래하는 것

**일중관(一重關)** 넘어야 하는 한 관문

註

1. 소는 간 곳 없고 : 두렷하고 고요하여 분별성과 주착심이 없는

　　　　　　　　　　본래 정신이기에 소는 간 곳이 없다고 표현하였다

2. 목동은 한가한데 : 챙기는 마음이 필요가 없어서 한가하다는 뜻

3. 한 관문이 남아 있다 : 아직도 밝다는 흔적이나 챙김을 놓았다는

　　　　　　　　　　흔적이 남아 있음을 뜻함

## 홀로 비치다(獨照)

*序詩*

소가 사람 되었나 사람이 소 되었나
흥겨워라 헤어진 식솔들이 모여 사는 것이여!
홀로 빛나는 그 눈빛 만법이 하나로 뚫렸나니
하늘과 땅 하나가 되고 본시 원수와 은인이 따로 없네
대붕의 크나큰 날개 짓 걸릴 것이 따로 없고
하늘 한 가운데 솟은 달빛 시방(十方)에 가득하네
갈 때까지 가고 올 때까지 와서 오를 것이 없는데
저 멀리 원각성존(圓覺聖尊)은 다시 한 관문 남았다고 하네.

독조(獨照), 이는 홀로 비친다는 뜻입니다. 이 경지를 원불교 법위등급에 비유하면 정식 출가위입니다. 상망(相忘)의 단계는 예비 출가위에 비유할 수 있지요.

독조의 경지는 자성(自性)뿐만 아니라 우주 전체의 진리를 깨달아 늘 함께 하는 때입니다. 그림을 보면 소는 오간데 없이 사라졌습니다. 사실은 소가 없어진 것이 아니라 목동과 합해진 것입니다. 백우(白牛)가 되고, 흰소라는 상(想)마저 없어진 것입니다. '나는 하않다, 나는 공부를 많이 했다, 나는 상망공부를 했다'는 상이 없어져 마음의 스승인 목동과 합해진 것입니다. 한 살이 된 것입니다. 목동과 흑우는 여러 과정을 겪어서 이렇게 합해졌습니다. 이를 '대각(大覺)했다'라고 합니다.

이 경지에 이르면 대소유무의 이치를 확실히 깨달아서 자성의 원리뿐만 아니라 우주의 모든 이치를 모두 다 꿰뚫어 볼 수 있습니다. 그래서 이 사람은 자성광명(自性光明), 일원광명(一圓光明)으로 삽니다. 이 사람은 능히 종교를 펼만한 자격이 있습니다.

임운(任運) 단계는 종주(宗主)는 될지언정 새로운 종교를 만들 만한 자격은 없습니다. 즉 항마한 사람은 진리를 깨달아 시대의 인심을 보아 교리를 짜서 내놓을 수가 없습니다.

제가 아는 분이 세상에 이름난 종교의 교주를 만나 '대를 누가 잇는가?'라고 물으니 '아들이 잇는다'고 답하더라는 이야기를 전해 주었습니다. 이 말을 듣고 저는 틀렸다는 생각이 들었습니다.

앞으로는 민주세상(民主世上)이 되고 지자본위(智者本位)시대가 되므로 누가 되든 지자(智者)가 대를 잇는다고 해야 맞습니다. 과거 세상 같으면 아들이 잇는다고 해도 가능하지만 그 분은 지금 때를 잘 모른다는 생각을 했습니다. 그 분은 출가도인은 아닌 것입니다.

독조단계에 이르면 진리를 깨달아서 미래세상을 예측하고 새로이 법을 짜는 능력을 갖게 됩니다.

원불교는 처음부터 남녀를 차별하지 않았습니다. 90여 년 전, 원불교가 개교되던 시대는 남녀차별이 극심한 때였습니다. 그럼에도 대종사께서는 '여자도 설교하라'고 하셨습니다. 왜 그랬을까요? 대종사께서는 미래세상이 그런 세상이 되므로 미래를 환히 꿰뚫어 보시고 미래에 맞는 새로운 법을 짜신 것입니다. 대종사님은 여래이기 때문에 여래의 안목으로 그렇게 하셨습니다.

독조단계에만 이르러도 새 시대에 맞는 새 문서를 만들 수 있습니다. 이 사람은 천권(天權)의 소유자입니다. 하늘의 큰살림을 하고 권한을 행사하여 세상의 틀을 바로잡을 수 있는 능력의 소유자입니다.

독조는 원불교 법위등급의 정식출가위 경지입니다. 육덕(六德)을 갖춘 사람의 경지입니다. 안·이·비·설·신·의 육근(六根)을 작용할 때 그 작용이 덕으로 화하여 누구에게나 자비를 건네는 사람입니다. 이 경지에 있는 사람은 본인이 나타내기만 하면 다른 사람이 쳐다만 보아도 부처같이 보입니다. 이러한 분이 바로 대보살(大菩薩) 마하살입니다.

제가 신도안에 있을 때 대산종사께서 조그만 산을 가리키며 '저기 올라가면 항마위이고, 계룡산 맨 위의 큰 산에 오르면 출가위이다'고 하셨습니다.

이 분들은 출중해 보여 대중 앞에 서면 군계일학(群鷄一鶴)이 됩니다. 닭이 많은 가운데 학 한 마리가 서있는 것처럼 보입니다. 스스로 나타내 보이면 그렇고, 감추면 아무도 알아보지 못합니다.

금강경에서 설명하는 공부의 최고단계는 아라한(阿羅漢)입니다. 아라한의 경지는 무쟁삼매(無諍三昧)입니다. 무쟁삼매는 안과 밖이 없고 성과 속이 없으며 주와 객이 따로 없어 언제나 일심삼매(一心三昧)가 됩니다.

보통의 공부인에게는 공부심이 있어 이 공부심이 잡된 마음을 제거하곤 합니다. 이때는 주와 객이 구분되어 다투며 공부합니다. 무쟁삼매는 주와 객이 따로 없기 때문에 오직 일심뿐입니다. 독조의 단계가 바로 무쟁삼매입니다.


그런데 이 단계도 아직 한 관문이 남아 있습니다. 그것은 아직도 밝다는 흔적, 위대하다는 흔적, 즉 상이 남아있을 수 있다는 것입니다. 그래서 '고향길엔 아직도 한 관문이 남아있다' 고 했습니다. 우리는 이 한 관문을 반드시 넘어서야 합니다.

> 소는 간 곳 없고 목동만
>
> 牛兒無處牧童閑(우아무처목동한)하니
> 소 간 곳 없어 목동 또한 한가롭나니

그동안 오욕으로 검게 물들었던 흑우가 점점 길들여져서 백우가 되어 법력을 갖추었습니다. 그러나 아직 '내가 백우가 되었다'는 상이 그림자처럼 따라 다녔으나 이제 이 상마저 없어져 소와 목동이 하나가 되었다는 의미입니다. 상이 없기 때문에 목동과 합일할 수 있습니다. 수도인이 욕심과 싸워 이길지라도 그 이겼다는 상이 마장(魔障)이 되기 쉬운데 이 상마저 없으니 소도 따라 없어진 것이지요.

중생살이는 양심이 흑우를 괴롭히는 형국입니다. 흑우가 죄를 지으면 양심이 고발하여 자꾸 괴롭힙니다. 그러다가 불법을 만나 인간의 내면에 함께 하는 양심을 일깨워 공부심을 확립합니다. 목우십도송에서는 이를 목동으로 비유한 것입니다. 이 목동이 점점 힘을 얻어 마침내 내면의 욕심을 제거하고 이를 훈련시켜 백우를 만들고, 나아가 백우가 된 뒤 스스로를 자랑하는 상마저 없는 경지를 이 구절로 표현했습니다.

이 경지가 되면 도적(盜賊)이 안에도 없고 밖에도 없기 때문에 한 가롭게 노니는, 이른바 일이 없는 무사인(無事人)이 되는 것입니다.

하지만 이 경지가 되어서도 주의해야 할 점이 있습니다. 무사인이라 하여 중생제도하는 교화사업을 하지 않는다는 뜻이 아니고, 또는 세상의 병맥을 모른 체하며 그것을 없애는 사회정화를 하지 않는다는 뜻이 아니고, 또는 자기성장을 위하여 정열적으로 수도정진하지 않는다는 뜻이 아니라, 열심히 일을 하지만 일머리를 알아서 홍겹고 여유 있게, 일을 하지 않는 심정으로 일한다는 뜻입니다.

### 한 조각 외로운 구름

一片孤雲碧嶂間(일편고운벽장간)이라
푸른 산 봉우리 사이에는 한 조각 외로운 구름

이 얼마나 운치 있는 풍경입니까? 정신을 수양하여 마음에 한 점 티끌도 없으니 자연 그대로입니다. 이 경지는 오욕에 물든 흑운(黑雲)도 걷히고, 자신이 청정하다는 상마저 놓아버린 심정입니다. 스스로 발광체(發光體)가 되어 모든 어둠을 물리치고 영롱하게 빛나는 정신세계의 살림을 하는 분이 독조의 경지에 이른 사람입니다.

이 그림은 독조의 경지에 이른 사람이 시방삼계를 하나의 꽃, 하나의 운치 있는 풍경으로 보는 심정을 표현한 것입니다. 조선 태조 이성계와 무학대사가 나눈 '개 눈에는 개만 보이고, 부처의 눈에는 부처만 보인다' 는 대화처럼 우리의 마음상태에 따라 사물도 그렇게 비치는 것입니다.

선가의 화두에는 '만법과 더불어 짝하지 않는 것이 있으니 그것이 무엇인가?' 하는 말이 있는데 그 절대 하나인 자리를 깨달아서 그 자리를 자기 것으로 수련하여 닦아 놓으면, 모든 잡념은 사라지고 하나라고도 할 수 없는 그런 마음의 상태가 된다고 합니다. 대산종사께서 도곡에 계실 적에 하루는 마루에 앉아 산천을 휘둘러보시고 '만뢰구적(萬籟俱寂)이라, 만 가지 소리가 다 잠든 것처럼 고요하구나' 라고 하셨습니다. 그 때 대산종사께서는 고요하고 고요한 심정을 드러내시고 즐거움의 일단을 표현하지 않으셨나 생각해 봅니다. 절대무심의 경지에 소요하는 분이 자연을 보시니 자연 그대로가 꽃이요, 아름다운 노래가 된 것입니다. 그래서 상당한 도인들은 명문장가가 되며 남들이 흉내 내지 못할 선시(禪詩)를 저작(著作)합니다. 이렇게 선시를 읊조릴 수 있는 것은 바로 무심의 경지에서 소요하고 그 마음으로 세상을 읽고 쓰기 때문에 아름다운 문장과 아름다운 풍경이 될 수 있습니다.

큰 도를 깨치면 교리에도 걸림이 없고, 일에도 걸림이 없는 혜월 (慧月)이 솟아나 시방삼계가 손바닥의 구슬처럼 드러납니다. 그래서 법흥(法興)이 절로 나서 손뼉치고 노래 부르는 심정을 이렇게 표현했습니다.

대종사께서 대각하시고 그 심정을 '청풍월상시 만상자연명'(靑風月上時 萬像自然明) 이라고 노래하셨습니다. 이는 마음달이 솟아 지혜로써 관조하니 만상이 자연히 밝아진 심정을 노래한 것입니다.

자연은 봄·여름·가을·겨울 사시로 변화하고, 만물은 시절 따라서 형형색색으로 그 모양이 변화합니다. 인간세상은 흥망성쇠(興亡盛衰)로, 사람은 생로병사로 끊임없이 변화하여갑니다. 이렇게 변화시키는 주인공이 누구일까요?

이것은 묘유(妙有)가 있어 그렇다고 하고, 신(神)이 있어 그렇다고 하기도 하고, 도리(道理)가 있어 그렇다고 하기도 합니다. 이처럼 변화의 큰 도리를 깨닫는 단계가 앞에서 설명한 순복의 단계입니다. 이 이치에 표준하여 공부하기 시작하여 무애의 경지에 가면 이 이치를 생활화합니다.

이처럼 큰 도리, 즉 진리의 대(大)자리, 하나인 자리, 전체자리를 통관(通觀)하는 이치를 아는 것을 각(覺)하였다고 하고 견성(見性) 했다고 합니다. 이 하나의 이치만 깨달아서는 독조의 경지에 이를 수 없습니다.

이 우주에는 갖가지 현상이 있습니다. 남자와 여자는 같은 사람 이지만 그 특성이 다릅니다. 이렇게 다른 것을 사물의 개별자(個別 子)라고 합니다. 이는 대(大)자리에 대하여 소(小)자리라 합니다.

독조의 경지에 이르면 사물의 이러한 개별적인 특성을 거의 꿰뚫 어 볼 수 있습니다. 개별적인 모든 존재는 그대로 있지 않고 끊임없 는 변화의 과정을 거치며 모양이 변하고, 있다가 없어지고 없어졌 다가 나타납니다. 이렇듯 있다가 없어지고, 없어졌다 있어지는 변 화의 이치를 유무(有無)의 이치라고 합니다.

우주와 인간의 본성인 대자리와 소자리인 개별자와 그 개별자가 서로 관계하면서 변화해 가는 모든 이치를 완전히 깨달은 경지가 독조이고, 이를 대각이라 합니다. 대소유무의 이치를 깨달은 희열 은 이루 다 말로 표현할 수 없을 것입니다.

대종사께서도 대각하시고 처음에는 너무 기뻐서 '누가 내가 모르 는 것을 물어 보았으면 좋겠다'고 하셨답니다. 그래서 그해 겨울 범현동에 있을 때에는 '생사고락 그 이치며, 우주만물 그 이치를 억만 사람 많은 중에 내가 어찌 알았을꼬' 생각하니 생각할수록 흥 이 나서 하룻밤을 흥타령으로 앉아 세우고, 이른 새벽 눈은 척설(尺

雪)로 쌓였는데, 굽 나막신을 신은 채 뒷산에 올라가 사방을 돌아다니다가 돌아왔으되 신발에 눈 한 점 묻어 있지 않은 일도 있었다고 합니다.



독조의 경지에 이른 사람은 군계일학(群鷄一鶴)으로 출중하여 깨달음의 광명이 무리에 드러나 감추지 못할 수 있습니다. 때에 따라서는 자비심을 나투는 것이 적절치 못하여 시기 질투의 대상이 될 수 있다고 판단될 때는 자신의 능력을 적절하게 감추어야 합니다. 이렇게 해야 여래불(如來佛)이 될 수 있습니다.

순금의 광채가 좋은 것이나 능히 나타내기도 하고, 불필요할 때는 감출 줄도 알아야 합니다. 독조는 이처럼 때에 따라 평범으로 돌아가야할 한 관문이 남아있는 것입니다.

이 관문은 독조에 이르러 시간이 지나면 자연히 도달할 수 있습니다. 그러나 그 시일을 앞당기기 위해 노력해야 하고 정성을 들여야 합니다. 진리, 즉 법신은 만물에 함께 있지만 범부중생은 어느 곳에 있는지를 잘 모릅니다. 진리는 만물에 함께 있으면서 그 모습도, 흔적도 없이 오직 그 일을 합니다.

독조는 법신불이 만물에 그 자신의 모습을 갖추고 존재하는 것처럼 법력을 감추고 지극한 평범으로 가야하는 한 관문이 남아있다는 것입니다.

세상에서는 너무 잘나도 정 맞기 쉽고 죄도 될 수 있으며, 나무가 너무 높으면 바람 잘 날이 없습니다. 이처럼 불보살의 세계에서도 독조는 너무나 위대하고 성스럽기 때문에 오히려 교화에 일부분 방해가 되므로 그것마저 버려야 한다는 것입니다. 위대한 인물은 존경의 대상이 됩니다. 그러나 존경만 하게 되면 보통 사람과는 거리가 있습니다. 말하자만 접근하기 어려운 대상입니다. 하지만 존경과 사랑을 아울러 받는 사람은 다릅니다. 사랑받는 사람은 접근하기 쉽고 우리들의 이웃이 되는 것입니다. 독조의 실력을 갖춘 도인은 '존경'을 많이 받는 경지입니다. 그러나 아직도 남은 한 관문을 통과해 '존경과 사랑'을 아울러 받는 도인이 되자는 것입니다. 인격에 있어서 가장 조화로운 것은 존경과 사랑을 다 받을 수 있는 절묘한 조화를 이룬 인물이라고 할 수 있습니다.

# 10

일원상만 나타나다

## 雙泯

# 10. 일원상만 나타나다

人牛不見杳無蹤(인우불견묘무종)하니
明月光寒萬象空(명월광한만상공)이라
若問其中端的意(약문기중단적의)인댄
野花芳草自叢叢(야화방초자총총)이라

## 일원상만 나타나다

소와 사람 보이지 않고 자취마저 묘연하니

밝은 달빛 차가운데 만상이 비었더라

만약 이 가운데 분명한 뜻 묻는다면

들꽃 아름다운 풀 스스로 무성하다 하리라

**無蹤(무종)** 자취와 흔적이 없음

**端的意(단적의)** 명백한 뜻, 분명한 뜻

**叢叢(총총)** 많은 물건이 떼(무리)지어 있는 모습

## 제 목 설 명

### 일원상만 나타나다(雙泯)

*序詩*

소도 없고 부처도 던져버리고

달빛마저 머금어 거두었도다

온갖 시설 철거하고 왕자궁도 버리나니

오고 갈데없는 외로운 부처 옷마저 벗었노라

고락이 불법이요 만생이 하늘이니

걸음걸음마다 비밀한 뜻 보이네

멀리 보면 부처의 자비 얼굴이요

가까이 보면 장바닥 그 사람이로세.

쌍민(雙泯)은 쌍으로 다 놓아버렸다는 뜻입니다. 무엇을 놓아버렸을까요? 그림을 보면 소도 없고 사람도 없습니다. 독조(獨照)에서는 목동과 사람이 합해져 있으나, 이 그림에서는 목동마저도 없습니다.

그림에서 이 경지를 일원상으로 표현했지만 일원상이라는 흔적도 없어야 정확합니다. 어떤 분이 진리를 말하며 일원상을 크게 가리키니까 '그 자리는 일원상이라는 테도 없는 것이다' 하고 발로 지우셨다고 합니다. 지워버려야 합니다.

일원상 진리 자리는 이 사바세계, 우주 만물에 가득 차 있는 것입니다. 그런데 일원상 진리는 보이지 않습니다. 어디를 보아도 일원상 진리는 없습니다. 만물이 일원상과 합해서 하나가 되었기 때문입니다. 이렇듯 공부를 많이 해서 부처가 된 사람은 진리가 만물과 함께 하는 것처럼 교화대상과 자신이 하나로 완전히 합하게 됩니다.

이 경지가 원불교 법위등급의 대각여래위(大覺如來位), 금강경의 아뇩다라삼먁삼보리(阿耨多羅三藐三菩提)의 구경각(究竟覺)이라 할 수 있습니다.

대산종사님은 ‘계룡산에 올라가 있는 사람은 출가위이지만, 계룡산에서 내려와 시장에 합해있는 사람이 여래다’고 법문해 주셨습니다. 여래의 모습은 보통 사람하고 다를 바 없습니다. 때로는 시골 영감 같이 보이기도 합니다.

진리의 모습을 만물에서 보지 못하듯이 보통 사람의 안목으로는 여래가 공부한 사람인지 아닌지를 잘 구별할 수 없습니다.

텔레비전의 맥(脈)이라는 프로그램에서 대종사님 일대기를 방송한 적이 있습니다. 그 때 대종사님 일대기를 읽어본 PD가 제목을 ‘평범한 성자’라 했으면 좋겠다고 하더군요.

평범한 성자(聖者), 성자 같지 않은 성자, 이런 분이 쌍민(雙泯)의 경지에 이른 최고의 성자입니다. 이 경지가 대각여래위이고 최고의 도인입니다. 이 경지에 이르면 만능(萬能)을 갖추게 됩니다. 그리고

능졸(能拙)을 자유로 합니다. 그래서 어떤 때는 능하기도 하고 어떤 때는 졸렬한 듯 보이기도 합니다.

이 분은 명암(明暗)을 자유로 합니다. 능히 밝기도 하고 어둡기도 합니다. 그리고 대소(大小)를 자유합니다. 큰 사람 같기도 하고 작은 사람 같기도 합니다.

대종사께서 서울 앵두나무골에 계실 때, 융타원 김영신 선진이 콩나물을 사오면 그것을 다듬어 주시기도 했습니다. 이와 같이 쌍민에 이르면 아주 세밀하고 다정한가 하면 아주 커 보이기도 합니다.

일제 강점기에 경찰이 원불교를 없앨 것인가 말 것인가를 판단하기 위해 중앙총부에 온 일이 있습니다. 그 때 대종사께서 미리 아셨는지 그 경찰들을 만나자 촌영감님처럼 서툰 듯이 행동을 했습니다. 그래서 경찰들이 말하기를 '우리는 조선의 간디인 줄 알았더니 촌영감 같네' 하면서 그냥 갔다고 합니다.

똑똑한 사람은 능히 똑똑한 체 하는 그것을 버리지 못합니다. 여래가 되면 똑똑한 자리에서는 똑똑하고, 또 못나야 할 자리에서는 능히 못난 짓도 하므로 보통 사람이 이를 쉽게 알 수가 없는 것입니다. 대소를 자유로 하기 때문에 그렇습니다. 이것을 시중(時中)이라고 할 수도 있습니다. 그 때 그 곳에 알맞게 행동할 수 있는 것을 말합니다.

공자께서 칠십이종심소욕불유구(七十而從心所慾不踰矩)라 했습니다. '나이 70세쯤 되어서는 마음 내키는 대로 하여도 법도에 어

긋나지 않았다' 라는 말입니다. 이것이 바로 여래(如來), 쌍민(雙泯)
의 표현이 아닌가 합니다.

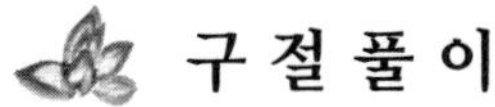


> 사람과 소 보이지 않고
>
> 人牛不見杳無蹤(인우불견묘무종하니)
> 사람과 소 보이지 않고 자취마저 묘연하니

지금까지 설명드렸듯이 소는 인간 내면의 무명에 의해 조성된 탐진치에 물든 심정을 비유한 것입니다. 목동은 인간의 내면에 숨겨져 있는 일원상진리인 자성(自性)을 비유한 것입니다.

그 동안 목동이 끊임없이 수행하여 야성(野性)이 강한 흑우(黑牛)를 갖가지 방법으로 길들여 백우(白牛)로 만들었습니다. 그리하여 독조의 단계에 이르러 백우(白牛)마저 없어지고 사람만 남았습니다. 사실은 소가 없어진 것이 아니라 사람과 소가 합해서 하나가 된 것이지요.

쌍민의 경지에서는 사람은 없어지고 소만 남았다고 해도 좋습니다. 소는 없어지고 사람만 남았다는 표현이나, 사람이 없어지고 소만 남았다는 표현이나 그것이 하나이기 때문입니다.

그림에서는 하나로 남아있는 사람마저 없어지고 자취마저 없어졌습니다. 자신이 성스럽다는 상마저 없어진 것입니다. 성과 속이 대립적인 것이 아니고 하나라는 흔적마저 없는 경지가 이때입니다. 일원상진리는 천지에 가득한 유일무이(唯一無二)한 진리이기 때문에 그 흔적을 찾아볼 수 없습니다. 눈에 보이는 것은 오직 만물뿐입니다. 그러나 이 만물 속에 오직 하나인 진리가 빠짐없이 내재해 있습니다.

일원상진리가 하나라는 흔적마저 없는 것처럼 진리를 표준하는 수도인들의 구경(究竟)목적도 이것입니다. 현상과 이치가 하나이고 사(事)와 이(理)가 하나입니다. 그런데 그 하나마저 놓아버리고 사물에 합덕한 하나이기 때문에 그림자마저 없다고 합니다.

이와 같이 참다운 성스러움은 성스러운 마음마저 놓아버린 평범인 것입니다. 이 경지는 일이 있으면 그 일 따라서 마음을 내고 일이 없으면 마음마저 없어지는 심성이 됩니다.

홍자성(洪自成)의 채근담(菜根譚)에는 '바람이 대밭을 지나고 나면 그 대밭에 바람소리가 머물지 않고, 기러기가 못을 지나가도 그 못에는 그림자가 남아있지 않으니 군자는 일이 있으면 마음이 나오고 일이 없으면 마음도 없다' 라고 하였는데 마음 운용이 언제나 자유로워서 일마다 생각이 나오기도 없어지기도 하는 마음의 자유되는 것을 설명하였습니다.

明月光寒萬象空(명월광한만상공)이라
밝은 달빛 차가운데 만상이 비었더라

이 경지는 마음속이 온통 진리 그대로입니다. 온통 법신(法身)의 광명뿐입니다. 그렇기 때문에 순역경계에 걸림이 없습니다. 만물을 진리로 느끼며 거기에서 진리의 소식을 듣습니다.

그러므로 안으로 자신의 마음 속이나 밖으로 모든 경계에서 해탈(解脫)하고 묘유(妙有)로 자재(自在)합니다. 일을 해도 텅 빈 마음으로 합니다.

금강경에서 '여래는 앉고 눕고 말한다고 하면 여래를 비방하는 것이다' 라고 했습니다. 여래는 어느 곳에 주한 바 없이 거래(去來)합니다. 그래서 해탈 대자유인인 것입니다. 이처럼 최고의 경지에 오른 사람은 그동안 부단히 노력하여 안으로 여의보주(如意寶珠)를 응축했기 때문에 그렇습니다.

진리 그대로 원만구족하기 때문에 용이 여의보주를 물고 있듯이 집방자재(執放自在)할 수 있는 것입니다. 물론 여의주를 소유하였다는 흔적마저 없이 소유하였기 때문에 가능한 일입니다.

이 경지는 희로애락의 인간 감정을 없애는 것이 아니라 능히 희로애락의 감정을 만들어 중생제도와 자기성장에 활용할 줄 압니다. 그래서 부처는 가장 인간적인 사람이기도 합니다. 독조에 머무는 도인은 아직 성스럽다는 흔적이 남아 있지만 여래는 세속에서 중생과 함께 어울려 울고 웃으며 만 가지 능력으로 중생에게 합당하게 자비를 베풉니다.

우리는 흔히 해탈을 벗어난 것으로 생각합니다. 이처럼 해탈을 오욕에서 벗어난 것으로 이해하지만 진정한 해탈은 희로애락의 감정을 노복처럼 부려쓰는 경지입니다. 진리가 만물에 함께 있으면서 어느 한 곳에 집착하지 않고 공평하게 나투듯이 여래도 중생을 제도할 때 원근친소에 걸림없이 합니다. 그래서 여래는 대자유인(大自由人), 대자비인(大慈悲人)입니다.



若問其中端的意(약문기중단적의)인댄
野花芳草自叢叢(야화방초자총총)이라
만약 이 가운데 명백한 뜻을 묻는다면
들꽃 아름다운 풀 스스로 무성하다 하리라

앞에서 소개한 바와 같이 대종사님께서는 대각하기 전에는 깨닫지 못해 걱정이었는데 깨닫고 나니 남이 깨달음을 알아주지 못함이

한이 된다 하셨다 합니다. 그래서 누군가 내가 모르는 것을 물어주었으면 하는 마음이었다고 했습니다. 일원상 진리와 완전히 하나가 된 심정은 어떤 것일까요? '들꽃 아름다운 풀 스스로 무성하다' 는 표현이 이 심정의 적절한 표현이 아닐까 합니다. 더 이상의 표현이 없다는 생각이 듭니다.

마음이 없으므로 보여줄 수도 말해 줄 수도 없는 것입니다. 진여(眞如)는 어디에 있습니까? 이렇게 묻는 것이 바로 진여입니다. 그래서 어느 선사(禪師)는 뜰 앞의 잣나무가 부처님 마음이라 한 것입니다.

대종사께서 변산에 계실 때 다음과 같은 시를 한 수 읊으셨습니다.

변산구곡로 석립청수성 (邊山九曲路 石立聽水聲)
무무역무무 비비역비비 (無無亦無無 非非亦非非)
변산의 아홉 골짜기에 돌이 우뚝 서서 물소리를 듣네.
없고 없고 또한 없는 것도 없고,
아니고 아니고 또한 아닌 것도 아니로다.

세상의 중심은 지금 내가 있는 곳입니다. 내가 있는 밖이 변방이며 갓입니다. 중국인들은 중국을 중화(中華)라 하고 다른 나라는 변방이라 합니다. 중생들도 자기가 중심이 되어야 합니다. 스스로 변방에 소외된 인물이 되어서는 안됩니다. 진리는 중심이 없습니다. 그것을 소유한 사람이 중심입니다.

아홉 골짜기는 현상의 가장 많은 것을 표현할 때 쓰는 말입니다. 구천에 사무치는 마음이라는 표현도 있습니다. 가장 깊은 마음을 구곡간장이라고 합니다. 즉 천지라고 할 수 있습니다. 이러한 천지에서 무슨 소리가 들립니까? 합창소리가 들립니다. 있다 없다, 아니다 옳다, 가졌다 못가졌다, 사랑한다 미워한다, 높다 낮다는 소리가 합창으로 들려옵니다.

그 소리를 바위가 우뚝 서서 듣고 있습니다. 이 바위를 어루며 지나가는 물소리를 바위가 듣고 있습니다. 이 바위가 바로 우리 자신입니다. 물소리는 세상의 잡다한 정보입니다.

그런데 부처님은 이 물소리를 진리의 소리, 일원상의 소리, 인과의 소리로 듣습니다. 범부중생은 이 소리를 이해관계, 선악관계, 사랑과 증오의 소리로 듣고 바로 대응을 합니다.

부처님은 세상의 만 가지 소리인 이 물소리를 진리의 소리로 듣고 있으니 얼마나 넉넉하고 한가로운 심정이겠습니까? 그러면서 또 그 소리를 인과의 소리로 들으니 당신의 손길이 미칠 곳이 얼마나 많겠습니까? 부처님은 중생이 아파하는 이 소리를 듣고 바로 바로 적절하게 대응하여 자비의 손길을 주십니다. 부처님은 중생에게 이렇게 대자대비로 대응해 주지만 언제나 있는 그것을 초월하여 그 흔적마저 놓고 일을 합니다.

대종사께서 변산에서 읊으신 시 한 수는 이러한 진리와 부처님의 심정을 표현해 주신 것이라 할 수 있습니다.